THE LANGUAGE GYM

Imprint: Independently Published

Edited by **Aurélie Lethuilier & Jérôme Nogues**

French
Sentence Builders

TRILOGY
PART III

A Lexicogrammar approach

Answers & transcripts

This is the answer & transcripts booklet for
"French Sentence Builders – TRILOGY – Part III
– A Lexicogrammar approach"

SENTENCE BUILDERS TRILOGY
PART III - TABLE OF CONTENTS

TERM 1

UNIT 1. Talking about a past holiday

TRANSCRIPTS

1. Multiple choice

e.g. Je suis allé aux États-Unis avec mon frère.
a. Il y a un mois, je suis allé en vacances avec ma famille.   b. Je suis allé en Allemagne avec ma famille.
c. J'ai voyagé en avion et le voyage a duré une heure.   d. J'ai logé dans une auberge de jeunesse au centre-ville.
e. Nous sommes allés en Écosse et nous avons voyagé en voiture.   f. Nous avons logé dans un hôtel de luxe.
g. L'été dernier, je suis allé en vacances en Italie avec ma famille.

2. Complete the words

a. Vacances	b. Allemagne	c. J'ai voyagé	d. Nous avons logé
e. J'ai passé	f. Une ferme	g. Un appartement	h. J'ai aimé
i. Sympa	j. Un espace	k. Parc aquatique	

3. Fill in the blanks

a. Il y a **un mois**, je suis allée en vacances avec ma famille.
b. **Nous sommes allés** en Chine en avion.
c. Le voyage a duré deux heures et c'était **confortable**.
d. Nous avons logé dans un hôtel **bon marché**.
e. Il y avait beaucoup de **choses à faire**.
f. Il y avait **une salle de jeux** pour les enfants.
g. Il y avait aussi un **terrain de tennis**.

4. Spot the intruders

Il y a un mois, je suis allé en vacances avec ma famille. Nous sommes allés en France. Nous avons voyagé en bateau et le voyage a duré deux heures. C'était amusant et rapide. Nous avons logé dans un hôtel de luxe et j'ai aimé cela parce qu'il y avait beaucoup de choses à faire. Dans l'hôtel, il y avait une salle de jeux pour les enfants, mais il n'y avait pas de parc aquatique.

5. Faulty translation

e.g. Dans l'hôtel, il y avait un restaurant.
a. L'été dernier, je suis allé en vacances avec ma famille.
b. Je suis allé aux États-Unis avec mon frère.
c. Nous avons voyagé en car et le voyage a duré huit heures.
d. J'ai logé dans un camping au centre-ville.
e. J'ai aimé cela parce que les gens étaient sympas et il y avait beaucoup de choses à faire.
f. Dans l'auberge de jeunesse, il y avait un gymnase.
g. Nous avons logé dans un hôtel de luxe dans la banlieue.
h. Nous avons voyagé en train et c'était rapide.

6. Complete the table in English

a. Salut, je m'appelle Thierry. L'été dernier, je suis allé en vacances en Chine avec ma famille. Nous avons voyagé en avion et le voyage a duré douze heures. C'était confortable, mais un peu long. Nous avons logé dans un hôtel de luxe. J'ai aimé cela car les gens étaient sympas.

b. Bonjour, je m'appelle Ninon. Il y a un mois, je suis allée en vacances en Italie avec mes parents. Nous avons voyagé en car et le voyage était très long. Cependant, c'était aussi amusant. Nous avons logé chez mes grands-parents. J'ai aimé cela parce qu'il y avait beaucoup de choses à faire. F

c. Je m'appelle Joanna et j'ai dix ans. Il y a une semaine, je suis allée en vacances avec ma famille. Nous sommes allés en Écosse. Nous avons voyagé en voiture et le voyage a duré huit heures. C'était amusant, mais ce n'était pas rapide. Nous avons logé dans une ferme. J'ai aimé cela car il y avait beaucoup d'animaux et beaucoup de choses à faire. F

7. Narrow listening

Bonjour, je m'appelle Albane et j'ai quinze ans. Je suis française et j'habite à Caen. L'été dernier, je suis allée en vacances en Écosse avec ma famille. Nous avons voyagé en bateau et en voiture et le voyage a duré deux jours. C'était long, mais assez confortable. Nous avons logé dans un hôtel de luxe en centre-ville. J'ai passé un bon moment parce que les gens étaient sympas et l'hôtel était génial. Dans l'hôtel, il y avait un restaurant, un gymnase et une salle de jeux pour les enfants.

8. Listen to Fabien and answer the questions in English

Salut, je m'appelle Fabien. J'ai treize ans et j'habite à Paris. Il y a un mois, je suis allé en vacances avec ma famille. Nous sommes allés à Berlin, la capitale de l'Allemagne. Nous avons voyagé en avion et le voyage a duré trois heures. À mon avis, le voyage était confortable et assez rapide. Cependant, mon père n'a pas aimé le voyage. Nous avons logé dans un hôtel bon marché au centre de Berlin. J'ai aimé cela parce que l'hôtel était génial et il y avait beaucoup de choses à faire. Dans l'hôtel, il y avait un terrain de tennis et il y avait aussi un espace spa pour mes parents.

ANSWERS

Unit 1. Talking about a past holiday: LISTENING

1. Multiple choice

a. A month ago	b. I went to	c. By plane	d. A youth hostel
e. By car	f. We stayed in	g. With my family	

2. Complete the words

a. **Va**cances   b. Alle**ma**gne   c. J'ai **vo**yag**é**   d. Nous av**on**s log**é**   e. J'ai passé   f. Une **f**erme
g. Un appartement   h. J'ai aim**é**   i. **S**ympa   j. Un espace
k. Par**c** a**qu**ati**que**

3. Fill in the blanks

a. Il y a **un mois**, je suis allée en vacances avec ma famille.

b. **Nous sommes allés** en Chine en avion.

c. Le voyage a duré deux heures et c'était **confortable**.

d. Nous avons logé dans un hôtel **bon marché**.

e. Il y avait beaucoup de **choses à faire**.

f. Il y avait **une salle de jeux** pour les enfants.

g. Il y avait aussi un **terrain de tennis**.

4. Spot the intruders

Il y a un mois ~~semaine~~, je suis allé en vacances avec ~~mon~~ ma famille. Nous sommes allés en ~~la~~ France. Nous avons voyagé ~~pour~~ en bateau et le voyage a duré ~~les~~ deux heures. C'était ~~très~~ amusant et ~~mais~~ rapide. Nous avons logé dans un ~~grand~~ hôtel de luxe et j'ai ~~beaucoup~~ aimé cela parce qu'il y avait beaucoup de choses à faire. Dans l'hôtel, il y avait ~~aussi~~ une salle de jeux pour ~~des~~ les enfants, mais il n'y avait pas de ~~le~~ parc aquatique.

5. Faulty translation

a. I went on holiday last summer **with my family**.
b. I went to **the United States** with my brother.
c. **We travelled** by coach and the trip took eight hours.
d. **I stayed in** a campsite in the centre.
e. I liked it because the people were nice **and there was a lot to do.**
f. In the youth hostel there was **a gym**.
g. **We stayed in** a luxury hotel on the outskirts.
h. We travelled by train **and it was fast**.

6. Complete the table in English

a. China / By plane /Comfortable but long / In a luxury hotel / The people were nice
b. Italy / By coach / Very long but fun / At their grandparents' house / There was a lot to do
c. Scotland / By car / Fun but not fast / On a farm / There was a lot to do and many animals

7. Narrow listening

Hello, I am Albane and I am **fifteen** years old. I am **French** and I **live** in Caen. Last summer, I went on holidays **to Scotland** with my **family**. We travelled by **boat** and by **car** and the journey lasted two **days**. It was **long**, but quite **comfortable**. We stayed in a **luxury hotel** in the town centre. I had a great time because the **people were nice** and the **hotel** was **great**. In the hotel, there was a **restaurant**, a **gym** and a **games room** for kids.

8. Listen to Fabien and answer the questions in English

a. 13   b. Paris   c. One month ago   d. Berlin, the capital of Germany   e. Three hours
f. It was comfortable and quite fast   g. His father   h. In a cheap hotel
i. The hotel was great and there was a lot to do   j. A tennis court and a spa area for parents

Unit 1. Talking about a past holiday: VOCAB BUILDING

1. Match

En bateau – By boat   **En voiture** – By car   **Le voyage** – The journey   **Un hôtel bon marché** – A cheap hotel
Un hôtel de luxe – A luxury hotel   **Une ferme** – A farm   **Chez mes grands-parents** – At my grandparents' house   **En avion** – By plane   **Un terrain de tennis** – A tennis court   **La semaine dernière** – Last week
Les gens – The people

2. Complete with the missing letter

a. Je suis allé aux États-Un**i**s.
d. Je suis allé en Espa**g**ne.
g. Nous sommes allés en Éc**o**sse.
b. Je suis allé en Allema**g**ne.
e. Je suis allée en Itali**e**.
h. Je suis allée en Irland**e**.
c. Je suis allée au Jap**o**n.
f. Nous sommes allés en Chin**e**.

3. Break the flow

a. L'été dernier je suis allé en Allemagne
c. J'ai voyagé en voiture
e. J'ai logé dans un hôtel de luxe près de la plage
g. J'ai passé un bon moment car l'hôtel était génial
b. Je suis allée en vacances avec ma famille
d. Le voyage était long et ennuyeux
f. L'hôtel était grand et moderne
h. De plus il y avait beaucoup de choses à faire

4. Complete with a suitable word

Students' own answers.

5. Faulty translation

a. **Three months** ago, **we went** to France.   b. The **boat** journey was very **slow.**   c. Last **week.**
d. I had a **great** time.   e. There were fantastic **beaches.**   f. We stayed in a **youth hostel.**
g. There **was** a lot **to do.**   h. **There was a games room.**   i. My room was very **spacious.**

6. Sentence puzzle

a. Le mois dernier nous sommes allés en France.
b. J'y suis allée avec ma meilleure amie.
c. Nous avons voyagé en train et c'était rapide.
d. Le voyage était long, mais amusant.
e. J'ai logé dans un hôtel bon marché en ville.
f. J'ai passé un bon moment parce que les plages étaient magnifiques et il faisait beau.

7. Complete with a verb from the table

a. L'été dernier, je suis **allé** en Italie.
b. Mon frère et moi avons **voyagé** en avion.
c. J'ai voyagé en **voiture**.
d. Il y a deux ans, nous **sommes** allés au Japon.
e. Le voyage a **duré** cinq heures.
f. Le voyage **était** long, mais confortable.
g. J'ai **logé** dans une auberge de jeunesse.
h. Nous **avons** logé dans un hôtel bon marché.
i. J'ai **aimé** cela car les gens étaient sympas.
j. Dans l'hôtel, il y **avait** un très bon restaurant.

8. Verb anagrams

a. Passé   b. Duré, était   c. Sommes   d. Logé   e. Avait   f. Étaient   g. Auberge   h. Aimé, avait

9. Gapped translation

a. Month   b. Rented   c. Good   d. Cheap   e. Far From   f. Liked   g. Things   h. Boat   i. Great Time
j. Parents

10. Translate into English

a. We travelled by boat.   b. We went to the United States.   c. We travelled by car.   d. There were magnificent beaches.   e. My parents had a great time.   f. We went sightseeing every day.   g. We stayed in a youth hostel.
h. There was a lot to do.   i. We had a lot of fun.   j. We went on a trip every day.
k. People were very nice.   l. We saw magnificent beaches.

11. Wordsearch

a. Je suis allé
b. Avec ma famille
c. J'ai voyagé en car
d. C'était rapide
e. Nous avons logé
f. Dans un hôtel
g. C'était amusant
h. Un bon moment
i. J'ai aimé cela
j. Il faisait beau

12. Categorise the sentences below with a T for "means of transport", an A for "accommodation" or a W for weather

a. A   b. T   c. A   d. W   e. T   f. T   g. W   h. A   i. T   j. A   k. A   l. W   m. A   n. A

13. Slalom writing

a. Le trajet était long, ennuyeux et fatigant.
b. Notre hôtel était près du centre-ville.
c. Dans l'hôtel il y avait une salle de jeux pour les enfants.
d. Mes parents sont allés faire les magasins.
e. Ma sœur est allée faire du tourisme avec son petit ami.
f. Mon frère et moi sommes allés à la plage.
g. Nous avons passé un bon moment. Je veux y retourner.

Unit 1. Talking about a past holiday: READING 1

1. Find in Orla's text the French for

a. Nous avons loué   b. Le trajet   c. Long et ennuyeux   d. Nous avons logé   e. Était très près   f. Il y avait
g. Une salle de jeux   h. Un espace spa   i. La nourriture   j. Donc   k. Il a fait beau   l. Nous avons pu
m. Tous les jours   n. Le soir   o. Je suis restée   p. Mais   q. Mon frère aîné   r. Est allé en boîte

2. Answer the following questions about Aoife

a. Plane (and then car)   b. Short but quite boring   c. A cheap hotel (near Benidorm)
d. Far / one km away   e. Often   f. They went to local restaurants
g. Lots of clothes   h. It had no water   i. Lots of young nice people

3. Find someone who...

a. Aoife   b. Ciara   c. Ciara   d. All three!   e. Aoife   f. Orla   g. Aoife   h. Ciara   i. Orla   j. Ciara's cousins
k. Aoife

Unit 1. Talking about a past holiday: READING 2

1. Find the French in the text

a. Premièrement, nous avons voyagé en avion.   b. Nous avons pris un deuxième vol.   c. Un hôtel bon
marché, mais très bien.   d. L'hôtel était modeste.   e. Il était possible de louer des vélos.   f. Nous avons
visité un parc naturel.   g. Nous avons mangé un délicieux repas…   h. … en regardant le coucher du soleil.

2. Gapped translation

We spent a lot of time outdoors, to **explore** nature and to admire the incredible **landscapes**. However, the
best moment of the trip was when we went on a **trip** to see **dolphins**. We travelled by **boat** trip to Nosy Be,
an **island** where one can regularly see **dolphins**. It was an **unforgettable** experience to **see** them up close
and **learn** about how they live. I took more than **one** hundred **photos**! They were **incredible** holidays and
I would like to go back there one **day**.

3. Spot and correct the MANY mistakes

a. Je m'appelle Mary et je suis **de** Londres.   b. Le **premier** vol a duré quinze heures.   c. J'ai beaucoup
aim**é** l'île.   d. Il **était** possible de lou**er** des vélos.   e. Nous sommes allé**s** faire le**s** magasin**s**.
f. Nous avons mang**é** un délicieux repas.   g. On peut **voir** régulièrement des **dauphins**.
h. J'ai pris plus de **cent** photos.

4. Answer the questions as if you were Mary

a. Madagascar
b. The first flight took 15 hours, from London to Antananarivo. It was long but quite comfortable. The second
flight was shorter, only one hour. We talked, played cards and slept on the flights.
c. We stayed at a cheap hotel in Sainte Marie. It was modest but cosy.
d. On the first day we took a guided tour of the island on bicycle. It was very fun and I took lots of photos.
e. I watched the sunset with view of the sea.
f. The best moment was a trip to see some dolphins.
g. Yes, I took over 100 photos!
h. They were incredible holidays (and I hope I can return one day).

Unit 1. Talking about a past holiday: READING & WRITING

1. Complete with the options provided in the box below

L'année dernière, je suis allée en **France**. Nous avons voyagé en **avion**. Le voyage a été assez **long** et ennuyeux. Nous avons logé dans un hôtel **bon marché** (mais bien) à Marseille. L'hôtel était très près du **centre-ville**, j'ai **adoré**. Il y avait une très **grande** piscine, une salle de jeux pour les enfants et aussi un espace spa pour mes parents. Le restaurant servait de la nourriture **savoureuse**, ainsi nous avons beaucoup mangé. Il faisait **chaud** tous les jours, donc nous avons souvent été à la plage. Le soir, je ne suis pas **sortie**, mais mon frère aîné est allé en boîte tous les soirs.

2. Complete the sentences below with any suitable word

Students' own answers.

3. Translate into French

a. L'année dernière   b. J'ai voyagé en voiture   c. J'ai logé   d. Dans un hôtel bon marché   e. Près de la plage
f. Il y avait   g. Une grande piscine   h. De la nourriture délicieuse/savoureuse   i. Il faisait beau
j. Presque tous les jours   k. Heureusement   l. Je me suis amusé

4. Cast your mind back to a recent holiday of yours and answer the questions

Students' own answers.

Unit 1. Talking about a past holiday: WRITING

1. First letters

L'année dernière, j'ai voyagé en Allemagne en voiture. C'était très long mais amusant. J'ai logé ans un appartement en centre-ville.

2. Faulty translation

a. We went to **a campsite** in France.   b. I **liked it** because people were **nice**.
c. At the hotel there was a **games room.**   d. I stayed at a **luxury** hotel with a **spa**.
e. I **liked** it because there were beautiful beaches.   f. A **month** ago I went to Paris with my friends.
g. **How was the trip**?   h. I went to my **uncle's** farm.

3. Gapped translation

a. **Où** es-tu allé(e)?   b. **Quand** es-tu allé(e) en vacances.   c. **Comment** as-tu voyagé   d. **Où** as-tu logé?

e. Avec **qui** y es-tu allé(e)?   f. Où **était** l'hôtel?   g. Je suis allé(e) **en** Italie.   h. L'hôtel était **près** de la plage.

i. Je n'ai pas **aimé** le camping.   j. Ce n'était pas **confortable**.   k. Il n'y **avait** pas grand-chose à faire.

4. Answer the questions in French. Aim to write 100-120 words

Students' own answers.

TERM 1 – BRINGING IT ALL TOGETHER – 1

1. Answer the following questions in English

a. Jean-Louis   b. In the southwest of Germany   c. It is quite big, on the outskirts, very pretty and spacious
d. To France   e. At his grandparent's house   f. A month ago   g. 15 hours   h. In a luxury hotel
i. Played tennis with his dad   j. Went to Shanghai Disneyland Park (a theme park) / had dinner at a restaurant

2. Find the French equivalent in Jeanlou's text

a. C'est mon surnom   b. Dans la banlieue de la ville   c. Nous voyageons toujours en avion
d. Mes amis me manquent   e. Cependant, il y a un mois   f. Le voyage était très long
g. J'ai écouté de la musique   h. Dans l'hôtel, il y avait   i. Je n'ai pas utilisé le gymnase   j. L'hôtel était génial
k. J'ai passé un bon moment   l. Je voudrais retourner   m. Ma mère dit

3. Complete the translation of paragraph 3

However, a **month** ago I went on **holiday** to **China** with my **family**. We **travelled** by **plane** and the trip lasted
15 hours because **we** had to change **flights** in Vienna, the capital of Austria. The **trip** was very **long** but it was
quite comfortable and **very fun**. During the **trip**, I **listened** to music and **watched** two **films**.

4. Is each statement True (T), False (F), or Not Mentioned (NM)?

a. T b. NM c. F d. T e. F f. T g. F h. F i. T j. F k. T l. T m. F

5. Complete the statements

a. Ninon, her   b. Quite comfortable, fun   c. Cheap, town centre   d. Nice, lots   e. Flat, village, coast

UNIT 2. Talking about a past holiday - opinions

TRANSCRIPTS

1. Dictation

a. J'ai fait beaucoup de choses   b. J'ai passé du temps   c. J'ai loué un vélo   d. J'ai joué avec mes cousins

e. Je me suis couché tard   f. J'ai fait de la plongée   g. À la montagne   h. Ce que j'ai aimé le plus

i. C'étaient des vacances   j. Je ne voudrais pas

2. Listen and fill in the gaps

a. Pendant les vacances, j'ai fait beaucoup de choses.   b. Le premier jour, j'ai acheté des souvenirs.
c. Le deuxième jour, j'ai essayé des plats typiques.   d. La plupart du temps, je me suis levée tard.
e. L'après-midi, nous sommes allés à la plage.   f. J'ai vu un match de foot avec mon meilleur ami.
g. J'ai passé du temps avec mes grands-parents.   h. À mon avis, c'étaient des vacances inoubliables.
i. Je voudrais y retourner l'année prochaine.

3. Spot the intruders

Pendant les vacances, j'ai fait beaucoup de choses. Le premier jour, j'ai loué un vélo et j'ai rencontré un garçon sympa. Le matin, je suis allée au parc et l'après-midi, je suis allée au centre commercial pour faire les magasins. Le deuxième jour, j'ai bronzé et j'ai nagé dans la mer. Le soir, je suis allée au centre-ville pour manger une glace. Ce que j'ai aimé le plus, c'était quand j'ai dîné au restaurant avec ma meilleure amie.

4. Multiple choice

e.g. Ce que j'ai aimé le plus, c'était quand j'ai dîné au restaurant avec ma famille.
a. Pendant les vacances, je n'ai pas fait grand-chose.
b. Le premier jour, je me suis reposé à la plage.
c. Le deuxième jour, j'ai rencontré une fille sympa.
d. La plupart du temps, je me suis couché tard.
e. Le matin, nous sommes allés à la montagne pour faire de la randonnée.
f. Le soir, nous sommes allés au centre-ville pour manger une glace.
g. Ce que j'ai aimé le plus, c'était quand j'ai passé du temps avec mon meilleur ami.
h. À mon avis, c'étaient des vacances formidables.

5. Faulty translation

e.g. Le matin, je suis allée au parc pour bronzer.
a. Pendant les vacances, j'ai passé du temps avec ma famille.
b. Le premier jour, j'ai mangé de la nourriture délicieuse.   c. Le deuxième jour, j'ai joué avec mes cousins.
d. La plupart du temps, je me suis couchée tard.   e. Le matin, nous sommes allés au parc pour manger une glace.
f. Le soir, j'ai fait de la randonnée.   g. À mon avis, c'étaient des vacances formidables.

6. Listening slalom

a. Le matin, je suis allé au parc pour manger une glace avec mon frère.
b. L'après-midi, je suis allé au centre commercial pour acheter des choses.
c. Le premier jour, je suis allé à la plage pour nager dans la mer avec mes cousins.
d. Le soir, je suis allé au centre-ville et j'ai loué un vélo.
e. Le deuxième jour, nous sommes allés à la montagne pour bronzer avec ma sœur.

7. Narrow listening

Bonjour, je m'appelle Georges et je suis français. L'été dernier, je suis allé en vacances avec ma famille. Nous sommes allés en Angleterre et nous avons logé dans un hôtel de luxe à Londres. Pendant les vacances, j'ai fait beaucoup de choses. Le premier jour, j'ai essayé des plats typiques et j'ai pris des photos. J'ai aussi rencontré un garçon sympa. Le deuxième jour, j'ai fait une promenade et j'ai acheté des souvenirs. Le soir, j'ai fait du tourisme et je suis allé au centre commercial pour faire les magasins. Ce que j'ai aimé le plus, c'était quand j'ai vu un match de foot avec ma famille. À mon avis, c'étaient des vacances inoubliables et je voudrais y retourner l'année prochaine.

8. Listen to the two conversations and answer the questions below in English

Conversation 1

Joanna: Qu'est-ce que tu as fait pendant les vacances, Lorène?
Lorène: Pendant les vacances, j'ai fait beaucoup de choses. Je suis allée en vacances en France et j'ai logé dans une auberge de jeunesse à Paris.
Joanna: Qu'est-ce que tu as fait le premier jour?
Lorène: Le premier jour, j'ai fait une promenade et j'ai pris des photos.
Joanna: Qu'est-ce que tu as fait le deuxième jour?
Lorène: Le deuxième jour, j'ai loué un vélo et je suis allée dans un restaurant où j'ai mangé de la nourriture délicieuse. Le soir, je suis allée au centre-ville pour faire les magasins.
Joanna: Qu'est-ce que tu as aimé le plus de tes vacances?
Lorène: Ce que j'ai aimé le plus, c'était quand j'ai vu un match de foot avec mon meilleur ami. Je voudrais y retourner l'année prochaine.

Conversation 2

Éric: Bonjour, Samuel. Dis-moi, qu'est-ce que tu as fait pendant les vacances?
Samuel: Pendant les vacances, j'ai passé du temps avec ma famille en Écosse.
Éric: Génial! Qu'est-ce que tu as fait le premier jour?
Samuel: Le premier jour, j'ai essayé des plats typiques. J'ai beaucoup aimé cela.
Éric: Moi aussi, j'aime essayer des plats typiques. Qu'est-ce que tu as fait le deuxième jour?
Samuel: Le deuxième jour, je suis allé à la montagne pour faire de la randonnée avec mon cousin.
Éric: Ah, super! Et qu'est-ce que tu as aimé le plus de tes vacances en Écosse?
Samuel: Ce que j'ai aimé le plus, c'était quand j'ai passé du temps avec mon cousin. À mon avis, c'étaient des vacances formidables, mais je ne voudrais pas y retourner l'année prochaine parce que je voudrais explorer un nouvel endroit.

ANSWERS

Unit 2. Talking about a past holiday – opinions: LISTENING

1. Dictation

a. J'ai f**ait** beauc**ou**p de **ch**os**es**   b. J'ai pas**sé** du **temps**   c. J'ai l**oué** un v**élo**   d. J'ai j**oué** av**ec** m**es** cous**ins**
e. Je me **suis couché**(e) t**ard**   f. J'ai f**ait** de la pl**ongée**   g. À la m**ontagne**   h. Ce qu**e** j'ai aim**é** le pl**us**
i. C'é**taient** d**es** vac**ances**   j. Je **ne voudrais** pas

2. Listen and fill in the gaps

a. Pendant **les** vacances, **j'ai fait** beaucoup de choses.
b. Le **premier** jour, **j'ai acheté** des souvenirs.
c. Le deuxième **jour**, j'ai essayé des plats **typiques**.
d. La **plupart** du temps, je me **suis levée** tard.
e. L'**après-midi**, nous sommes **allés** à la **plage**.
f. J'ai **vu** un **match** de **foot** avec mon **meilleur** ami.
g. J'ai **passé** du **temps** avec mes grands-parents.
h. À mon avis, **c'étaient** des vacances **inoubliables**.
i. Je **voudrais** y retourner l'année **prochaine**.

3. Spot the intruders

Pendant les **dernières** vacances, j'ai fait beaucoup de **les** choses. Le premier jour, j'ai loué un **du** vélo et j'ai rencontré un garçon **très** sympa. Le matin, je suis allée **tôt** au parc et **ensuite** l'après-midi, je suis allée au **le** centre commercial pour **me** faire les magasins. Le deuxième jour, **premièrement** j'ai bronzé et **après** j'ai nagé dans la mer. Le soir, je suis allée au centre-ville pour manger une **délicieuse** glace. Ce que j'ai aimé le **moins** plus, c'était quand **pour** j'ai dîné au restaurant avec ma **ta** meilleure amie.

4. Multiple choice

a. Many   b. Second   c. I bought   d. I got up   e. Afternoon   f. Restaurant   g. One day   h. Terrible

5. Faulty translation

a. During the holidays, I spent time **with my family**.
b. On the first day, I **ate delicious food**.
c. On the second day, I **played with my cousin**.
d. **Most of the time**, I went to bed late.
e. In the **morning**, we went to the park to have an ice cream.
f. In the evening, I did **hiking**.
g. In my opinion, there were **really good** holidays.

6. Listening slalom

a. In the morning, I went to the park to eat an ice cream with my brother.
b. In the afternoon, I went to the shopping mall to buy things.
c. On the first day, I went to the beach to swim in the sea with my cousins.
d. In the evening, I went to the city centre and I rented a bike.
e. On the second day, we went to the mountain to sunbathe with my sister.

7. Narrow listening

Hello, my name is Georges and I am **French**. Last **summer** I went on holiday with my **family**. We went to England and we **stayed** in a **luxury** hotel in London. **During** the holidays, I did **many** things. On the **first** day, I **tried** typical dishes and I took **photos**. I also met a nice **boy**. On the **second** day, I went for a **walk** and I **bought** souvenirs. In the **evening**, I did **sightseeing** and I went to the **shopping mall** to go shopping. What I liked the **most** was when I saw a **football match** with my family. In my **opinion**, they were **unforgettable** holidays and I would like to **go back there** next year.

8. Listen to the two conversations and answer the questions below in English

<u>Conversation 1</u>

a. Paris, France   b. Went for a walk / Took photos   c. Went shopping in the city centre
d. When she saw a football match with her best friend   e. Yes

<u>Conversation 1</u>

a. Scotland   b. Tasted typical dishes   c. He went to the mountain and did hiking with his cousin
d. When he spent time with his cousin   e. No

Unit 2. Talking about a past holiday – opinions: VOCAB BUILDING

1. Match

J'ai loué un vélo – I rented a bike
J'ai nagé dans la mer – I swam in the sea
J'ai pris des photos – I took photos
Randonnée – Hiking
J'ai acheté – I bought
J'ai bronzé – I sunbathed

J'ai fait de la plongée – I went diving
Je me suis reposé – I rested
Une promenade – A walk
J'ai rencontré – I met
J'ai visité – I visited
Je me suis couché – I went to bed

2. Missing letters

a. J'ai loué un vélo.   b. J'ai acheté des souvenirs.   c. J'ai bronzé.   d. J'ai fait de la plongée.   e. J'ai rencontré un garçon sympa.   f. J'ai fait une promenade au centre-ville.   g. J'ai goûté des plats typiques. h. J'ai nagé dans la mer.   i. J'ai fait de la randonnée à la campagne.   j. J'ai pris beaucoup de photos. k. Je me suis couché tard   l. Je me suis reposé.

3. Faulty translation

a. On the **first** day   b. I went **hiking**   c. I went for a **walk**   d. I **rested**   e. I met a **boy**   f. I **tried** dishes   g. I did **not do much**   h. What I **didn't like**   i. I went **diving**   j. I swam in the **sea**   k. I rented a **bike** l. I went to bed **late**

4. Spot and add the missing word

a. La plupart **du** temps   b. J'ai rencontré **un** garçon   c. J'ai bronzé à **la** plage   d. J'ai loué un **vélo** e. Je me **suis** reposé   f. J'ai **fait** une promenade   g. J'ai joué **avec** mes cousins   h. J'ai nagé **dans** la mer i. Je n'ai **pas** fait grand-chose   j. Le deuxième **jour**   k. À **mon** avis

5. Sentence puzzle

a. Le premier jour, je n'ai pas fait grand-chose.   b. Le matin, je suis allé à la piscine.
c. J'ai bronzé en écoutant de la musique.   d. Je me suis reposé à la plage avec mon ami.
e. Mon frère a passé du temps à la plage.   f. Nous avons déjeuné au restaurant de l'hôtel.
g. Après ma sieste, je suis allé au centre-ville.

6. Gapped translation

a. On the **first** day, I didn't do **much.**   b. On the **second** day I went **hiking.**
c. I **went** for a **walk** on the **beach.**   d. I **rested** reading **a book.**   e. I **met** a lot of nice **people.**
f. One **day** I tried typical **dishes.**   g. On the fourth day we went **sightseeing.**
h. Most of the **time** , the weather was **bad.**   i. I **swam** and I went **diving** every day.   j. I **met** a Swedish **boy.**   k.
He was very **funny** and **nice.**   l. We are still **in contact.**

7. Complete with the correct option

a. J'ai loué **un vélo**.   b. J'ai fait une **promenade** au centre-ville.   c. Je n'ai pas fait **grand-chose.** d. Je me suis reposée en lisant un **livre.**   e. J'ai nagé **dans la mer**.   f. J'ai passé **du temps** avec ma famille.   g. Le **premier** jour, j'ai fait de la plongée.   h. J'ai essayé des **plats** typiques.   i. J'ai visité des **sites** historiques.   j. J'ai rencontré **une fille** très sympa.   k. J'ai acheté des vêtements et des **souvenirs.**   l. J'ai **pris** beaucoup de photos. m. Le **dernier** jour, il faisait mauvais.   n. J'ai joué de la **guitare** à la plage.   o. Le soir, je me suis **reposée.**

8. Insert an appropriate verb

a. J'ai loué   b. J'ai fait   c. J'ai mangé   d. J'ai acheté   e. Je suis allé(e)   f. J'ai rencontré   g. J'ai joué h. Je me suis reposé   i. Je suis allé(e)   j. J'ai passé   k. J'ai vu

9. Complete the table

a. hiking.   b. I woke up.   c. J'ai pris des photos.   d. J'ai essayé des plats typiques.   e. (On) the third day f. I spent time   g. I sunbathed

Unit 2. Talking about a past holiday – opinions: READING 1

1. Answer in English

a. By plane (and then rented a car)   b. Near   c. By the seaside   d. The weather was good every day
e. Sunbathing & doing water sports   f. They rested in the hotel   g. The day before returning (to Quebec)
h. la Citadelle de Saint-Tropez   i. Germany   j. Because they went to bed late

2. Tick the items that you can find in Marcel's text

a. √   b. √   c. √   d. √   e. √   f. √   g. X   h. √   i. √   j. X

3. Find the French in Ross' text

a. L'hiver dernier   b. Nous avons logé   c. J'ai beaucoup aimé   d. Il y avait   e. Beaucoup de gens   f. Nous nous sommes reposes   g. Nous avons fait les magasins   h. Beaucoup de souvenirs   i. Jolis vêtements
j. Deux jours avant   k. Des plats typiques   l. (nous) Avons rencontré

4. Find the items below in Ross' text

a. Hiver   b. Voiture   c. Inoubliables   d. Skier   e. Rentrer   f. Ancien / autrichiens / amusant   g. Pistes/palais/photos/plats   h. Discuter (discutés in text)

Unit 2. Talking about a past holiday – opinions: READING 2

1. Find the French in the texts

a. Ma chambre était petite, mais agréable.   b. Ce que j'ai aimé le plus   c. On a passé un bon moment ensemble.
d. En voiture.   e. Un petit village de pêcheurs.   f. A loué une maison.   g. Au bord de la mer.
h. (Il) a goûté des plats typiques.   i. Il est allé en boîte.   j. L'hiver dernier
k. Une piste de ski fantastique.   l. Il n'y avait pas beaucoup de monde.

2. Find someone who...

a. Liam's brother   b. Liam's brother   c. Liam's brother   d. Florence   e. Gala's parents   f. Gala
g. Liam's brother   h. Gala's parents   i. Liam's brother   j. Gala's parents   k. Florence   l. Liam's brother

3. Correct the mistakes

a. C'était **très** amusant   b. Il y avait des plage**s** magnifique**s**   c. J'ai log**é** dans un hôtel bon**ne** marché
d. On a pass**é** un bon moment **en**semble   e. Il n'y avait ni télévision, **ni** internet   f. Il y avait beaucoup d**e** neige   g. J'ai visit**é** le **centre-ville**   h. Ils on**t** mangé de la nourriture française   i. Mes parents **sont** allé**s en** France

4. Faulty translation

Last week I returned from **Italy**. I spent a week with my **family**. I stayed in a cheap **hotel** near the train station. My room was **small** but nice. In Rome there **were many** things to do. I visited the city centre, many **museums** and lots of Roman **ruins**! I also saw many **monuments**, churches and historic palaces. The **best** thing was when I met a boy from **Italy**. We had a **good time** together. I also spent **time** at a beach that was about **an hour** from Rome by **car**.

Unit 2. Talking about a past holiday – opinions: READING & WRITING

1. Find someone who...

a. Anne   b. Charles   c. Philippe   d. Paul   e. Marie   f. Véronique   g. Éric   h. Gabriel

2. Find the French equivalent

a. Le mieux pour moi   b. Une moto   c. Jolis vêtements   d. Faire les magasins   e. Près de mon hôtel
f. Nous avons goûté   g. C'était vraiment génial!   h. J'ai acheté   i. Plein de monuments   j. Si savoureuse
k. À la plage   l. Si belles   m. (Nous) avons rencontré   n. La ville historique   o. Y compris un château
p. Nous avons loué

3. Complete with the correct verb

a. Le premier jour je suis **allé** en excursion.   b. Mes parents ont **fait** de la randonnée.   c. Mon frère a **joué** au foot avec ses amis.   d. Nous avons **passé** du temps avec nos grands-parents.   e. Je me suis **levé** tard tous les jours.   f. J'ai **vu** des sites historiques.   g. Le dernier jour **était** le meilleur.   h. Nous avons **fait** une promenade en ville.   i. Mon père a **loué** un petit bateau.   j. J'ai **pris** beaucoup de photos de vieux monuments.

Unit 2. Talking about a past holiday – opinions: WRITING

1. Rock-climbing translation

a. Un jour nous avons loué un vélo et sommes allés faire un tour en ville.

b. L'après-midi je me suis détendu en écoutant de la musique et en lisant.

c. C'étaient des vacances inoubliables et je voudrais y retourner.

d. Ce que j'ai aimé le plus c'était quand nous sommes allés en boîte.

e. Le jour avant de rentrer j'ai rencontré deux filles de Marseille.

2. Tangled translation

a. Un **jour** nous avons fait **une** excursion à la **montagne**.

b. Nous **avons logé** un hôtel près de la **plage**.

c. Dans l'hôtel **il y avait** plein de choses **à faire** pour les **jeunes**.

d. Nous avons mangé de la **nourriture** vraiment **délicieuse**.

e. Heureusement il a fait **beau** tous les **jours**.

f. Nous avons été **à la plage** très souvent.

g. Nous **avons bronzé** et nous **avons joué** au volley.

h. **Nous avons rencontré** des gens sympas. C'était **génial**!

i. Le soir, **je suis allé(e) faire les magasins / j'ai fait les magasins**. J'ai acheté **beaucoup de choses**.

3. Translate into French

a. Le premier jour, j'ai visité la vieille ville.

b. Le deuxième jour, j'ai loué un vélo.

c. Le matin, je me suis levé(e) tard.

d. J'ai bronzé à la plage jusqu'à midi.

e. Hier j'ai fait une promenade.

f. Nous avons nagé dans la mer.

g. Nous avons logé dans un hôtel bon marché.

h. Nous avons essayé des plats typiques.

i. Il faisait beau tous les jours.

4. Complete the following sentences creatively

Students' own answers

TERM 1 – BRINGING IT ALL TOGETHER – 2

1. Answer the following questions in English

a. His parents and his sister
b. She is nice
c. To Spain
d. To Lisbon, the capital of Portugal
e. His friend and his friend's family
f. Nearly eight hours
g. In a luxury hotel
h. Rented a bike and went to the beach
i. Did hiking on the outskirts of the city
j. When he watched a football match

2. Find the French equivalent in Nicolas' text

a. Il est très moderne
b. La famille de mon ami
c. Nous avons écouté de la musique
d. Dans l'hôtel, il y avait
e. Une salle de jeux pour les enfants
f. J'ai visité beaucoup d'endroits
g. Nous avons loué des vélos
h. Nous sommes allés à la plage
i. J'ai rencontré une fille très sympa
j. Pour faire les magasins
k. Je me suis levé tard
l. Ce que j'ai aimé le plus, c'était quand
m. J'ai acheté des souvenirs

3. Complete the translation of paragraph 3

Most of the **time**, I got up **late**. However, on the **second** day I got up **early** because we had a lot of **things** to do. In the **morning**, we did **hiking** on the outskirts of the city. In the **afternoon**, I played **cards** with my **friend** in a **parc** and we **drank** a Coca-Cola. We also **ate** a **sandwich**. In the evening, we did **sightseeing** in the city centre. My friend and I went to bed **very** late.

4. True (T), False (F) or Not Mentioned (NM)?

a. F   b. T   c. T   d. F   e. T   f. T   g. T   h. T   i. NM   j. F   k. T   l. F   m. T

5. Complete the statements

a. Centre, London, first   b. Parents, old town   c. Late, late, before   d. Éric   e. Éric, cold

UNIT 3. Describing a typical day in the present, past & near future

TRANSCRIPTS

1. Fill in the blanks

a. Je range ma chambre après le collège.

b. Je joue à la PlayStation dans ma chambre.

c. Pendant la semaine, je sors avec mon petit ami.

d. Je vais souvent au centre commercial.

e. Pendant la semaine, je ne mange jamais au restaurant.

f. Je dois aider mon père dans la cuisine.

g. J'aime aller au parc avec mes amis.

h. Aujourd'hui, je dois faire mes devoirs.

2. Break the flow

a. Je sors avec mon petit ami après le collège.

b. J'aide souvent mes parents.

c. Pendant la semaine, je fais du vélo.

d. Je fais mes devoirs dans ma chambre.

e. Je mange au restaurant avec mes parents.

f. J'aime sortir avec mes amis.

g. J'aime aller au parc avec mon petit ami.

h. Je dois aider mon frère.

3. Missing letters

a. Hier, j'ai fait du footing au parc.

b. J'ai aidé mon frère avec ses devoirs.

c. Je suis allé au stade pour voir un match.

d. J'ai joué de la guitare avec mon groupe.

e. Vendredi dernier, j'ai rangé le salon.

f. J'ai mangé dans un restaurant chinois.

g. J'ai fait une promenade avec mon chien.

h. Hier, je suis allé au centre commercial.

4. Spot the differences

a. Parfois, je mange au restaurant.

b. Je joue à la Playstation avec mon frère.

c. Le week-end, je vais au centre commercial.

d. Pendant la semaine, je mange à la maison.

e. J'aime aller au parc avec mon ami.

f. J'aime aider ma mère dans le jardin.

g. Le samedi, j'aime sortir avec ma petite amie.

h. Je dois aller au parc avec mon chien.

5. Multiple choice quiz

a. Salut, je m'appelle Julien. Hier, j'ai rangé ma chambre.

b. Bonjour, je m'appelle Michel. Le week-end dernier, je suis allé au parc.

c. Salut, je m'appelle Martine. Hier soir, je suis allée au cinéma avec mon petit ami.

d. Salut, je m'appelle Ryan. Pendant mon temps libre, je joue du ukulélé.

e. Bonsoir, je m'appelle Paloma. Hier, j'ai mangé dans un restaurant italien.

f. Salut, je m'appelle Gianfranco. Ce week-end, je vais aider mon frère avec ses devoirs.

g. Salut, je m'appelle Ronan. Le vendredi, je fais toujours du vélo à la montagne.

h. Salut, je m'appelle Dylan. Demain, je vais aller au parc avec mon chien Lily.

6. Narrow listening

a. Salut, je m'appelle Thomas. Le week-end, en général, je vais au centre commercial avec mes amis. Cependant, le week-end dernier, je suis allé à la plage avec ma famille.

b. Salut, je m'appelle Julie. Pendant la semaine, je dois faire beaucoup de choses. Je dois aider mon père dans la cuisine et faire mes devoirs dans ma chambre. Je n'aime pas du tout ça!

c. Salut, je m'appelle Jean-Louis. Le week-end dernier, j'ai fait du footing et après je suis allé à la piscine pour faire de la natation. J'aime beaucoup la natation!

7. Fill in the blanks

a. Je vais ranger ma chambre.   b. Je veux rencontrer mes amis.   c. Je dois faire mes devoirs.

d. Je vais jouer du ukulélé avec mon ami.   e. Je veux aller au cinéma avec mon ami.   f. Je dois aider à la maison.

8. What & when?

e.g. J'aide à la maison tous les jours.
a. Hier, je suis allée au cinéma avec mon amie.
b. Demain, je vais jouer de la guitare.
c. Le week-end dernier, je suis sortie avec mon amie.
d. Le week-end prochain, je vais rencontrer mes amies.
e. Pendant la semaine, je joue à la PlayStation avec mon frère.

9. Listening slalom

a. Je m'appelle Léa. En général, pendant la semaine, je fais beaucoup de choses. J'aide toujours mes parents.
b. Je m'appelle Léon. Tous les jours, je fais mes devoirs à la maison après le collège et je joue aussi de la guitare.
c. Je m'appelle Sébastien. Hier, j'ai mangé dans un restaurant avec mes parents et j'ai joué du ukulélé.
d. Je m'appelle Sarah. Le week-end dernier, je suis allée au cinéma avec mon petit ami. J'ai aussi fait une promenade dans le parc avec mon chien.
e. Je m'appelle Charles. Le week-end prochain, je vais aller au centre commercial avec mon meilleur ami et je vais jouer du piano.

10. Faulty translation

Salut, je m'appelle Nicolas. En général, **pendant la semaine,** je fais beaucoup de choses. Je joue **à la PlayStation** avec ma sœur et je vais **au centre commercial.** Cependant, le week-end **dernier** était différent. J'ai fait une promenade dans le parc avec mon **chien** et après, j'ai mangé dans un restaurant chinois avec **mes parents.** J'ai aussi joué **de la guitare** dans ma chambre. Le week-end prochain, je veux **rencontrer** mes amis. Je voudrais aller **au cinéma** et regarder un nouveau film. Cependant, je dois aussi **faire mes devoirs** et aider à la **maison.**

ANSWERS

Unit 3. Describing a typical day: LISTENING

1. Fill in the blanks

a. Je **range** ma chambre après le collège.
b. Je joue à la PlayStation dans **ma chambre**.
c. Pendant la semaine, je **sors** avec mon petit ami.
d. Je vais **souvent** au centre commercial.
e. Pendant **la** semaine, je ne **mange** jamais au **restaurant**.
f. Je dois **aider** mon **père** dans la cuisine.
g. J'aime aller au **parc** avec mes **amis**.
h. Aujourd'hui, je **dois** faire mes **devoirs**.

2. Break the flow

a. Je sors avec mon petit ami après le collège.
b. J'aide souvent mes parents.
c. Pendant la semaine, je fais du vélo.
d. Je fais mes devoirs dans ma chambre.
e. Je mange au restaurant avec mes parents.
f. J'aime sortir avec mes amis.
g. J'aime aller au parc avec mon petit ami.
h. Je dois aider mon frère.

3. Missing letters

a. Hier, j'ai **fait** du **footing** au p**arc**.
b. J'ai aidé mon f**rère** avec ses d**evoirs**.
c. Je suis a**llé** au **stade** pour **voir** un match.
d. J'ai j**oué** de la **guitare** avec mon groupe.
e. **Vendredi** dernier, j'ai **rangé** le salon.
f. J'ai m**angé** dans un restaurant **chinois**.
g. J'ai fait une **promenade** avec mon **chien**.
h. **Hier**, je s**uis** allé au centre commer**cial**.

4. Spot the differences

a. Parfois, je mange au **restaurant**.
b. Je joue à la Playstation avec mon **frère**.
c. Le week-end, je vais au **centre commercial**.
d. **Pendant la semaine**, je mange à la maison.
e. **J'aime** aller au parc avec mon ami.
f. J'aime aider ma mère dans le **jardin**.
g. Le samedi, j'aime **sortir** avec ma petite amie.
h. Je **dois** aller au parc avec mon chien.

5. Multiple choice quiz

a. Tidied   b. Park   c. Boyfriend   d. Ukulele   e. Italian   f. Brother   g. Friday   h. Pet

6. Narrow listening

a. Salut, je m'**appelle** Thomas. Le week-end, en **général**, je vais au centre commercial avec mes amis. **Cependant**, le week-end dernier, je suis allé à la **plage** avec ma famille.

b. Salut, je m'appelle Julie. Pendant la **semaine**, je dois **faire** beaucoup de choses. Je dois aider mon père dans la **cuisine** et faire mes devoirs dans ma **chambre**. Je n'**aime pas** du tout ça!

c. **Salut**, je m'appelle Jean-Louis. Le week-end **dernier**, j'ai fait du **footing** et après je suis allé à la **piscine** pour faire de la natation. J'aime beaucoup la **natation**!

7. Fill in the blanks

a. Je vais **ranger** ma **chambre**.　　　　b. Je veux **rencontrer** mes amis.　　c. Je dois **faire** mes **devoirs**.
d. Je vais **jouer** du ukulélé avec **mon** ami.　　e. Je **veux** aller au cinéma **avec** mon ami.
f. Je dois **aider** à la **maison**.

8. What & when? Listen and complete

a. Going to the cinema / Past　　b. Playing the guitar / Future　　c. Going out with friend / Past
d. Meeting up with friends / Future　　e. Playing on the PlayStation / Present

9. Listening slalom: follow the speaker from top to bottom and number the boxes accordingly

a. My name is Léa. In general, during the week I do many things. I always help my parents.
b. me name is Léon. Every day, I do my homework at home after school and I also play the guitar.
c. My name is Sébastien. Yesterday, I ate in a restaurant with my parents and I played the ukelele.
d. My name is Sarah. Last weekend, I went to the cinema with my boyfriend. I also went for a walk in the park with my dog.
e. My name is Charles. Next weekend, I am going to go to the shopping mall with my best friend and I am going to play the piano.

10. Faulty translation

Hi, my name is Nicolas. In general, ~~at the weekend~~ **during the week** I do many things. I play ~~basketball~~ **on the PlayStation** with my sister and I go to ~~the stadium~~ **the shopping mall**. However, ~~next~~ **last** weekend was different. I went for a walk in the park with my ~~cat~~ **dog** and after I ate in a Chinese restaurant with ~~my girlfriend~~ **my parents**. I also played ~~the piano~~ **the guitar** in my bedroom. Next weekend I want to ~~play~~ **meet up** with my friends. I would like to go to the ~~shops~~ **cinema** and watch a new film. However, I also have to ~~go jogging~~ **do my homework** and help at ~~school~~ **home**.

Unit 3. Describing a typical day: VOCAB BUILDING

1. Match

Hier – Yesterday　　**Samedi prochain –** Next Saturday　　**Demain –** Tomorrow
Samedi dernier – Last Saturday　　**Dans deux jours –** In two days
La semaine dernière – Last week　　**Le week-end –** At the weekend　　**Avant-hier –** The day before yesterday　　**Il y a deux jours –** Two days ago　　**Le week-end dernier –** Last weekend

2. Complete the table

Je fais – **I do**　Je vais – **I go**　Je dois – I have to　**Je veux** – I want　Je sors – **I go out**　Je me lève – **I get up**
Je joue – **I play**　**Je range** – I tidy　**Je mange** – I eat

3. Match

Je vais me lever tôt – I am going to get up early   **Je vais lire un livre** – I am going to read a book
Je vais étudier – I am going to study   **Je vais sortir** – I am going to go out
Je vais m'amuser – I am going to have fun   **Je vais faire les magasins** – I am going to go shopping
Je vais aider mon père – I am going to help my dad   **Je vais faire du sport** – I am going to do sport
Je vais faire du vélo – I am going to ride a bike

4. Past / Present / Future

a. Future b. Present c. Past d. Past e. Future f. Present g. Past

5. Choose the correct translations

a. Je suis allé   b. J'ai fait   c. J'ai aidé   d. J'ai mangé   e. J'ai joué   f. J'ai voulu   g. J'ai bu   h. J'ai lu   i. J'ai vu
j. J'ai pris   k. J'ai nagé

6. Break the flow

a. Hier je suis allé au cinéma avec ma petite amie   b. Demain je vais faire les courses avec mon père
c. La semaine dernière j'ai pêché avec ma mère   d. Mes amis et moi allons voir un film émouvant
e. Hier je n'ai rien fait. Je me suis juste repose   f. Le soir j'aide souvent mon frère avec ses devoirs
g. Avant-hier j'ai beaucoup étudié pour mes examens   h. Cet après-midi je vais faire du vélo avec mes amis
i. Le week-end je fais toujours beaucoup de sport   j. Hier j'ai fait de la musculation avec mon cousin

7. Complete the table with the options provided below

Hier	Aujourd'hui	Demain
J'ai fait du vélo	**Je fais du vélo**	Je vais faire du vélo
Je me suis levé	Je me lève	**Je vais me lever**
Je suis sorti avec Léa	**Je sors avec Léa**	Je vais sortir avec Léa
J'ai pris un café	Je prends un café	**Je vais prendre un café**
J'ai fait de la boxe	**Je fais de la boxe**	Je vais faire de la boxe
Je suis allé au ciné	Je vais au ciné	**Je vais aller au ciné**
J'ai joué de la guitare	**Je joue de la guitare**	Je vais jouer de la guitare
J'ai mangé un œuf	Je mange un œuf	**Je vais manger un œuf**

8. Translate into English

a. I went shopping   b. I am going to play chess   c. I read some novels
d. I ate seafood   e. I make my bed   f. I saw a film
g. I am going to get up   h. I played cards   i. I help my parents
j. I relaxed   k. I have to study   l. I always go to bed late
m. I want to go out with my friend   n. I cannot play   o. I have a lot of fun

9. Sentence puzzle

a. Hier je n'ai pas fait grand-chose   b. Avant-hier j'ai regardé un film
c. Le week-end je fais les tâches ménagères   d. Samedi dernier je suis sorti avec ma copine
e. Tous les jours je dois me lever tôt   f. Il y a deux jours j'ai joué aux échecs avec lui
g. Ce matin je vais aller à la plage   h. Hier je me suis détendu en écoutant la radio
i. Demain je vais faire du vélo dans le parc

10. Complete with the correct option

a. J'aide   b. J'ai lavé, j'ai joué   c. Me lever, je vais faire   d. Je suis allé, nous avons vu   e. Je me lève   f. Je
dois, déteste   g. J'ai fait, ai passé   h. Je ne peux pas, étudier   i. Je n'ai rien fait, je me suis détendu, en lisant
j. Je fais

11. Guided translation

a. **J'ai joué**   b. **Je vais avoir**   c. **J'ai vu**   d. **J'ai fait**   e. **Je dois**   f. **Je ne veux pas**   g. **Je mange**   h. **Je ne peux
pas**   i. **Je suis allé**   j. **Je vais faire**   k. **J'ai aidé**   l. **J'ai rangé**

12. Complete with the correct verb in the appropriate tense

a. Je suis allé(e)   b. J'ai lu   c. Je vais aller   d. Je dois   e. J'aime   f. Je vais   g. Je suis sorti(e)   h. Je suis allé(e)
i. Je ne veux pas   j. Ne fais pas   k. Je vais faire   l. J'ai acheté

Unit 3. Describing a typical day: READING 1

1. Find the French equivalent

a. En général, je fais beaucoup de choses
b. Mon meilleur ami
c. Nous avons couru jusqu'à huit heures et demie
d. J'adore courir
e. Nous nous amusons beaucoup
f. Je ne gagne jamais
g. Pendant une demi-heure
h. Je passe l'après-midi en jouant
i. Rien de spécial
j. Je vais aller en excursion
k. Je vais acheter
l. Nous avons fait du tourisme
m. Nous avons fait un tour en ville
n. Il y avait beaucoup à voir et à faire

2. Correct the statements

a. At the weekend Tanguy **does many things.**
b. On Saturdays, he gets up **very early.**
c. He **never** wins at racket sports.
d. In the evening, he goes **rock climbing** with his father and **younger** brother.
e. On Sundays, he does **less** running than on Saturdays.
f. On Sunday **afternoons,** he spends time **playing** on his computer.
g. They usually have dinner at his grandparents, who are very **affectionate** and **kind.**
h. Next weekend he is going to **go sightseeing** in Paris.
i. He is going to buy **(a lot of) clothes.**
j. He went **for a walk** in the centre of the city.
k. Tanguy and Denis met two girls in **Nice and are still in contact.**

3. Correct the mistakes in the translation of the last two paragraphs of Tanguy's text

Next **weekend** will be different because I am going to go on a trip to Paris with my **school**. We are going to visit the Sacré-Cœur and other monuments and historic **places** of the city. There are many **cool shops** in Paris, and therefore I am going to **buy** a lot of **clothes**.

Last **year,** we went to Nice and **it was incredible**. We **went sightseeing** in the morning and in the afternoon, we went for a walk around the **city**. There was a lot to **see** and **do**. My friend Denis and I met two very **nice** girls. We are **still** in touch with them.

Unit 3. Describing a typical day: READING 2

1. Find the French equivalent in the text

a. Ce que j'aime de
b. Je fais beaucoup de choses
c. Dans le bois près de chez moi
d. Nous sommes tombés plusieurs fois
e. Personne ne s'est fait mal
f. Il n'y avait pas beaucoup de monde
g. C'était épuisant
h. Je sais que la restauration rapide est mauvaise
i. Je suis allé faire du lèche-vitrines
j. Nous avons rencontré deux filles
k. Nous avons passé la journée
l. J'ai passé beaucoup de temps
m. À discuter avec elle

2. Gapped translation (refer to Yvan's text)

a. Free time   b. Sport   c. Rode a bike, wood   d. Fell, got hurt   e. Lifted weights   f. (Rock) Climbing
g. Exhausting/tiring   h. Window shopping   i. Together   j. Chatting   k. Go out with her

3. Answer the questions below in French

a. Ils ont fait du vélo   b. C'était épuisant, mais ils se sont beaucoup amusés
c. Il y a deux grands centres commerciaux   d. Xavier est très beau et fort
e. Ils ont passé la journée avec elles   f. Ils vont aller au cinéma

Unit 3. Describing a typical day: READING & WRITING

1. Find someone who

a. Raphaël   b. Mélanie   c. Béatrice   d. Carmen   e. Paul   f. Fernand   g. Béatrice   h. Paul's girlfriend
i. Mélanie   j. Sylvie   k. Carmen   l. Marine   m. Alice   n. Mélanie   o. Léa

2. Complete with a suitable word

a. Any room in the house   b. Je joue   c. Any plural persons   d. Any singular person   e. Fais
f. Any feminine instrument   g. Mangé   h. Dernier   i. Promenade

3. Write an extension of the sentence said by each person to the left

Students' own answers.

Unit 3. Describing a typical day: WRITING

1. Complete Martine's text with the verbs from the table (there is one word too many)

Bonjour, je **m'appelle** Martine. Samedi dernier, **j'ai fait** beaucoup de choses. Premièrement, j'ai fait du **vélo** dans les bois. **C'était** très amusant. Après, mes amis et moi **sommes** allés au gymnase près de chez moi. Nous avons fait de la musculation. Ensuite, nous **avons** fait de l'escalade au parc. Plus tard, nous sommes allés au centre-ville pour **faire** du lèche-vitrines au centre commercial. J'ai **rencontré** un garçon très sympa. Il **s'appelle** Charles. Nous avons passé toute l'après-midi à **parler**. Le week-end prochain, nous **allons sortir** ensemble. Nous allons **voir** un film au cinéma et ensuite, nous allons **manger** au restaurant. Je crois que ce **sera** génial. Je **voudrais** aussi jouer de la guitare dans ma chambre. Finalement, je **dois étudier** parce que lundi, j'ai un **examen** de mathématiques.

2. Complete with any suitable word

Students' own answers.

3. Answer the questions below in French and in full sentences

Students' own answers.

TERM 1 – BRINGING IT ALL TOGETHER – 3

1. Answer the following questions in English

a. In the east of France   b. Her grandmother   c. Tidies her bedroom
d. Help her brother with his homework   e. Every day (during the week)   f. Go out with her friends
g. Went to the stadium to watch a football match   h. A Chinese restaurant   i. To Germany
j. Ride her bike

2. Find the French equivalent in Anna's text

a. Elle m'aide toujours   b. Je m'habille   c. Avant de me coucher   d. Il y a beaucoup d'endroits   e. Je fais du vélo   f. Quelques heures   g. Samedi dernier   h. Après, nous avons dîné   i. Avant de rentrer à la maison j. Je me suis levée très tard   k. Il y a trois mois   l. Je voudrais y retourner   m. Je dois me reposer

3. Complete the translation of paragraph 2

In general, I **tidy** my **bedroom** right after I get up. **Then**, I get **dressed** and I play **a bit** on the PlayStation. I like to play on my **games** console **before** going to school. **After** school, I do my **homework** in the **living** room and I go to the **shopping mall** with my friends. I **like** to go out with my friends **because** we have **fun** together. In the **evening**, before going to **bed**, I have to **help** my **brother** with **his** homework.

4. True (T), False (F) or Not Mentioned (NM)?

a. T   b. T   c. T   d. F   e. F   f. NM   g. T   h. F   i. F   j. T   k. F   l. T   m. T

5. Complete the statements

a. Julien, girlfriend   b. Éric, ukelele   c. Julien, free time   d. Éric, Julien   e. 12:00

TERM 1 – MIDPOINT RETRIEVAL – PRACTICE

1. Answer the following questions in French

Students' own answers.

2. Write a paragraph in the first person singular (I) providing the following details

Students' own answers (answers below provided for reference).

a. Salut! Je m'appelle Dominique.

b. Je suis français(e) et j'habite à Paris.

c. J'ai 15 ans et j'habite avec mes parents.

d. L'été dernier, je suis allé(e) en vacances en Allemagne.

e. J'ai voyagé en avion et j'ai logé dans un hôtel de luxe.

f. Pendant les vacances, je suis allé(e) faire les magasins au centre-ville.

g. Le deuxième jour, j'ai rencontré un garçon sympa et j'ai vu un match de foot avec lui.

h. Pendant mon temps libre, d'habitude j'aime aller au parc avec mes amis.

i. Le week-end dernier, j'ai mangé dans un restaurant chinois.

3. Write a paragraph in the third person singular (he/she) about a friend or a family member

Students' own answers.

UNIT 4. Describing a typical day at school

TRANSCRIPTS

1. Fill in the blanks

a. La récréation est à dix heures du matin.
c. Les cours commencent à huit heures.
e. J'aime le français car c'est utile et amusant.
g. Je vais au club d'échecs.
b. Le déjeuner est à midi.
d. En première heure, j'ai cours d'anglais.
f. Après le collège, je fais du sport.
h. On ne peut pas fumer.

2. Break the flow

a. J'arrive au collège à sept heures.
c. Je n'aime pas l'anglais car c'est ennuyeux.
e. Après le collège, je vais au club d'échecs.
g. On doit lever la main avant de parler.
b. J'ai mon premier cours à sept heures et demie.
d. Je sors du collège à quatre heures de l'après-midi.
f. On ne doit pas manger dans les salles de classe.
h. On ne peut pas porter d'écouteurs en classe.

3. Spot the differences

a. Dans mon collège, il y a quelques règles.
c. Les cours commencent à sept heures du matin.
e. On ne peut pas fumer au collège.
g. On ne peut pas porter de boucles d'oreilles, ni de baskets.
b. On ne doit pas manger dans les salles de classe.
d. En première heure, j'ai cours d'allemand.
f. On ne peut pas porter de jupes courtes.

4. Spot and correct the errors

a. La récréation est à dix heures et demie.
c. En première heure, j'ai cours d'anglais.
e. On ne peut pas mâcher de chewing-gum.
g. On ne peut pas porter de maquillage.
b. Les cours commencent à huit heures.
d. Après le collège, je vais au club d'échecs.
f. On doit faire la queue à la cantine.

5. Complete the translations

a. Tous les jours, j'arrive au collège à huit heures du matin.
b. En deuxième heure, j'ai cours de mathématiques. C'est très difficile!
c. Après le collège, je fais mes devoirs à la bibliothèque. C'est un peu ennuyeux.
d. Dans mon collège, on ne peut ni mâcher du chewing-gum, ni fumer.
e. On ne peut porter ni maquillage, ni boucles d'oreilles.
f. On doit lever la main avant de parler.
g. Dans mon collège, on doit porter l'uniforme. Je n'aime pas cela.
h. On peut utiliser les téléphones portables pendant la récréation.

6. Faulty translation

e.g. Le déjeuner est à midi. Je mange à la cantine avec mes amis.
a. Les cours commencent à huit heures du matin. En première heure, j'ai français.
b. Pendant la semaine, avant le collège, je fais mes devoirs à la bibliothèque.
c. Après le collège, je rentre à la maison et je joue avec ma sœur.
d. Dans mon collège, on peut aller aux toilettes pendant les cours, mais on ne peut pas porter de maquillage.
e. Tous les jours, on doit faire la queue à la cantine.
f. Je dois lever la main avant de parler, mais je ne dois pas utiliser mon téléphone portable.

7. Listening slalom

a. Dans mon collège, il y a beaucoup de règles. On ne doit ni fumer, ni utiliser le téléphone portable.
b. Les cours commencent à sept heures et en première heure, j'ai cours de français. J'adore ça parce que c'est facile et amusant.
c. Il y a quelques règles dans mon collège. On ne peut pas porter de maquillage, ni manger dans les salles de classe.
d. Je sors du collège à quatre heures et je rentre à la maison en bus. Après le collège, je fais mes devoirs dans ma chambre.
e. On doit faire la queue à la cantine, mais on ne peut pas aller aux toilettes pendant les cours.

8. Listen to Denis and answer the questions in English

Salut, je m'appelle Denis et j'habite à Marseille. J'ai quatorze ans et je vais au collège au centre-ville. Dans mon collège, les cours commencent à huit heures et demie du matin. Le lundi, en première heure, j'ai anglais. J'adore l'anglais parce que c'est amusant. En dernière heure, j'ai mathématiques, mais je n'aime pas cette matière car c'est très difficile. Après le collège, je vais au club d'échecs et j'adore ça car c'est intéressant et j'y vais avec mes amis. Dans mon collège, il y a quelques règles. Par exemple, on ne peut pas mâcher de chewing-gum et on ne peut pas non plus utiliser le téléphone portable. Je déteste ces règles! Cependant, on ne peut pas fumer et je suis complètement d'accord avec cela.

ANSWERS

Unit 4. Describing a typical day at school: LISTENING

1. Fill in the blanks

a. La **récréation** est à dix heures du matin.
b. Le **déjeuner** est à midi.
c. Les cours commencent à **huit** heures.
d. En première **heure**, j'ai cours d'anglais.
e. J'aime le **français** car c'est utile et amusant.
f. Après le collège, je **fais** du sport.
g. Je vais au club d'**échecs**.
h. On ne peut pas **fumer**.

2. Break the flow

a. J'arrive au collège à sept heures.
b. J'ai mon premier cours à sept heures et demie.
c. Je n'aime pas l'anglais car c'est ennuyeux.
d. Je sors du collège à quatre heures de l'après-midi.
e. Après le collège, je vais au club d'échecs.
f. On ne doit pas manger dans les salles de classe.
g. On doit lever la main avant de parler.
h. On ne peut pas porter d'écouteurs en classe.

3. Spot the differences

a. Dans mon collège, il y a quelques **règles**.
b. On ne doit pas **manger** dans les salles de classe.
c. Les cours commencent à **sept** heures du matin.
d. En première heure, j'ai cours d'**allemand**.
e. On ne peut pas fumer **au collège**.
f. On ne peut pas porter de jupes **courtes**.
g. On ne peut pas porter de **boucles d'oreilles**, ni de baskets.

4. Spot and correct the errors

a. La récréation est à dix heures et **demie**.
b. Les cours commencent à **huit** heures.
c. En première heure, j'ai cours d'**anglais**.
d. Après **le** collège, je vais au club d'échecs.
e. On ne peut pas **mâcher** de chewing-gum.
f. **On doit** faire la queue à la cantine.
g. On ne peut pas porter de **maquillage**.

5. Complete the translations

a. Every day, I **arrive at school** at eight in the morning.

b. My **second** lesson is mathematics. It is very **difficult**!

c. After school, I do **my homework in the library**. It is a bit **boring**.

d. At my school, one cannot **eat chewing gum** or **smoke**.

e. One cannot wear **make-up** or **earrings**.

f. You have to **raise** your **hand** before **speaking**.

g. In **my school**, one must **wear a uniform**. I **don't like it**.

h. One can **use the mobile phones** at breaktime.

6. Faulty translation

a. Classes start at **eight** in the morning. First **lesson** I have **French**.

b. During the week, **before** school I do my homework in the **library**.

c. After school, I go back **home** and I play with my **sister**.

d. At my school, one **can** go to the toilet during lessons, but you cannot wear **make-up**.

e. **Every day**, one must queue up in the **canteen**.

f. I have to **raise my hand** before speaking, but I must not use my **mobile phone**.

7. Listening slalom

a. At my school there are many rules. One must not smoke nor use the mobile phone.
b. Classes start at seven and first lesson I have French. I love it because it's easy and fun.
c. There are a few rules at my school. One cannot wear make-up or eat in the classrooms.
d. I leave school at four and I go back home by bus. After school, I do my homework in my bedroom.
e. One must queue up in the canteen but one cannot go to the toilet during lessons.

8. Listen to Denis and answer the questions in English

a. 14   b. In the city centre   c. At 8:30   d. English   e. He loves it because it is fun   f. Maths
g. Chess   h. He loves it because it is interesting and he goes with his friends
i. Not eating chewing gum, not using the phone   j. Not smoking

Unit 4. Describing a typical day at school: VOCAB BUILDING

1. Match

J'arrive au collège – I arrive at school
Je fais mes devoirs – I do my homework
Je vais à la cantine – I go to the canteen
La récré est à neuf heures – Breaktime is at nine
J'ai anglais – I have English
J'ai histoire – I have history

Je sors du collège – I leave school
Je vais à la bibliothèque – I go to the library
Je mange à la cantine – I eat in the canteen
J'ai mon dernier cours – I have my last lesson
J'écoute le professeur – I listen to the teacher
Je discute avec mes amis – I chat with my friends

2. Missing letters

a. Le troisième cours.   b. Le premier cours.   c. J'arrive au collège.   d. Je sors du collège.   e. Je fais mes devoirs.
f. J'écoute le professeur.   g. Je discute avec mes amis.   h. Je mange dans la cantine.   i. Je fais la queue à la cantine.   j. Il y a une pause pour manger.

3. Complete with the missing words

a. En général j'**arrive** au collège à huit heures et quart.   b. Le lundi, mon p**remier** cours est espagnol.
c. Ensuite, nous avons la r**écréation**.   d. Pendant la récréation je d**iscute** avec mes amis.   e. Après, j'ai mon d**euxième** cours, qui est le cours d'histoire.   f. Je n'aime pas l'histoire car c'est très e**nnuyeux**.   g. Puis, c'est le d**éjeuner**.   h. Je dois faire la q**ueue** à la cantine.   i. D'habitude, je m**ange** des pâtes avec du poulet.   j. Mon d**ernier** cours est à deux heures et demie.

4. Put the actions below in chronological order

5, 6, 9, 1, 10, 7, 2, 11, 3, 8, 12, 4

5. Spot and correct the grammar/spelling mistakes

a. Je vais au club **d'**échecs.

b. J'arrive **au** collège à huit heures.

c. J'ai **cours de maths**.

d. Pendant **la** récréation.

e. Je sors **du** collège.

f. Je vais **à la** bibliothèque.

g. Je peux porter des jupes court**es**.

h. Je ne dois pas porte**r** de**s** boucles d'oreilles.

i. On ne peut pas mâcher de **chewing gum**.

j. J'ai mon **dernier cours**.

k. Mon deuxième cours est anglais.

l. Les cours fini**ssent** à trois heures.

6. Gapped translation

a. In my school, one cannot **smoke.**
c. On Fridays, my first class is **computing.**
e. During breaktime, I play **basketball**.
g. I do my homework in the **library.**
i. One cannot eat in the **classrooms.**

b. My **first** class is English.
d. Breaktime is at **09:30**.
f. One cannot wear **earrings.**
h. You must **queue up** in the canteen.
j. I have to wear a **school uniform.**

7. Likely or unlikely

a. Likely   b. Unlikely   c. Likely   d. Unlikely   e. Unlikely   f. Unlikely   g. Unlikely   h. Unlikely   i. Unlikely
j. Likely   k. Unlikely

8. Sentence puzzle

a. On ne peut pas fumer   b. On doit porter l'uniforme   c. On doit faire la queue à la cantine   d. On ne peut pas utiliser le portable.   e. Tu dois faire tes devoirs   f. Les cours commencent à huit heures et quart
g. On ne peut pas mâcher de chewing gum   h. On ne peut pas porter de boucles d'oreilles
i. On doit respecter les professeurs   j. On doit lever la main avant de parler

9. Complete with a suitable word

a. On ne peut pas **fumer** de cigarettes.   b. Les cours **finissent** à trois heures.   c. Je rentre à la **maison** en bus.
d. À l'heure du **déjeuner** je mange peu.   e. On doit **faire** la queue à la cantine.   f. Je fais mes devoirs dans la **bibliothèque**.   g. On ne peut pas porter de **maquillage / boucles d'oreilles / baskets / jupes courtes / jupes longues**.   h. On doit **écouter** les professeurs.   i. On doit **faire** ses devoirs.

10. Faulty translation

a. One must not **chat** in lessons.   b. One cannot wear **short skirts.**   c. One must raise their hand before **speaking.**   d. One cannot **chew gum.**   e. One cannot **smoke** in the corridors.   f. One cannot wear **trainers.**

Unit 4. Describing a typical day at school: READING 1

1. Find the French equivalent

a. J'arrive au collège   b. Les cours commencent   c. On ne fait jamais de travail de groupe   d. Pendant la récréation   e. J'ai anglais   f. Puis c'est l'heure de manger   g. Nous mangeons en discutant   h. J'ai mangé du riz   i. Les règles sont assez strictes   j. Il est interdit de fumer

2. Correct the statements

a. Guillaume **can't stand** geography.

b. **At breaktime** he plays basketball.

c. He learns **a lot** in the French lessons.

d. The English teacher **often** shouts.

e. **Last** Monday he **ate** rice with chicken.

f. There are **35** grams of sugar in a Coke.

g. He **loves** sport.

h. **Last** Friday he **had to** tidy up the headteacher's office.

3. Correct the mistakes in these sentences from Guillaume's text and then translate them

a. J'arrive **au** collège vers huit heures. — *I arrive at school at around 8:00.*
b. Pendant la récréation je joue **au** basket. — *During break I play basketball.*
c. On **ne** fait jamais de travail de groupe. — *We never do group work.*
d. Nous mangeons **en** discutant. — *We eat while chatting.*
e. J'adore **cela** car je suis très sportif. — *I love it because I am very sporty.*
f. On ne peut **pas** utiliser de portable. — *One cannot use the mobile phone.*
g. On ne peut pas courir **dans** les couloirs. — *One cannot run in the corridors.*
h. On doit faire ses devoirs tous **les** jours. — *One must do the homework every day.*
i. Si on ne respecte pas **les** règles. — *If the rules are broken.*
j. J'ai dû passer **une** heure avec **le** directeur. — *I had to spend one hour with the headteacher.*

4. Answer the following questions

a. At around 8:00   b. At 8:15   c. He plays basketball with his friends   d. Very fun
e. The teacher shouts a lot and is too strict   f. Rice with chicken   g. Because he is very sporty
h. One must wear the uniform, one cannot use the mobile phone, one cannot smoke, one must not run in the corridors and one must do the homework every day,
i. The punishments are very harsh   j. He didn't do his homework
k. He had to spend one hour with the headteacher tidying up his office

Unit 4. Describing a typical day at school: READING 2

1. Complete the sentences below based on the text

a. School Day   b. 8:30   c. History   d. Unfriendly, fun   e. Break   f. Jokes   g. Shouts, explain
h. Football, playground   i. Chat   j. Meat, potatoes, orange juice   k. Last, nice

2. Find in the last paragraph of Mariane's text the French equivalent of the following items

a. Il y a trop de règles   b. On doit porter   c. On n'a pas le droit d'utiliser   d. Il est interdit de fumer
e. On ne peut pas courir   f. Avant de parler   g. Les sanctions   h. J'ai dû passer une heure

3. Correct the false statements

a. Mariane mange un morceau dans la cantine pendant la récré.   b. Mariane adore l'espagnol.   c. La prof de dessin crie beaucoup.   d. Mariane n'est pas végétarienne.   e. Mariane adore la chimie.   f. Il y a trop de règles dans son collège.   g. Mariane n'est pas toujours ponctuelle.

4. Translate the last paragraph of Mariane's text into English

In my opinion, in my school, there are too many rules. One must wear uniform, it's forbidden to smoke, one cannot run in the corridors, we don't have the right to use the lifts, and one must always raise the hand before speaking in class. If one breaks the rules / If the rules are broken the punishments are very harsh. Last Wednesday, I arrived late to school, and I had to spend one hour with the headteacher to clean her office. It was very annoying!

Unit 4. Describing a typical day at school: READING & WRITING

1. Find someone who

a. Margaux   b. Sonia   c. Susanne   d. Marcel   e. Marie   f. Julien   g. Jean   h. Caroline   i. Susanne
j. Julien   k. Caroline   l. Martine

2. Complete with a suitable word
a. La récré est à neuf **heures** du matin.   b. Les cours **commencent** à huit heures dix.   c. Je sors du **collège** à quatre heures et demie.   d. En première heure, j'ai cours de **any subjects, i.e., maths/anglais/français**.   e. **Après** le collège, je fais mes devoirs chez moi.   f. Dans mon collège, **on ne peut pas** fumer.   g. Je n'aime pas les maths car c'est **any adjective, i.e., difficile/barbant/ennuyeux/inutile**.   h. À **any time, i.e., neuf/dix** heures, j'ai cours d'anglais.   i. Dans mon collège, on doit porter un **uniforme**.

3. Write an extension of the sentence said by each person on the left

Students' own answers.

Unit 4. Describing a typical day at school: WRITING

1. Match questions and answers

Comment vas-tu au collège?	J'y vais en vélo.
À quelle heure arrives-tu?	Vers huit heures moins le quart du matin.
Quel est ton premier cours le vendredi?	En première heure, j'ai dessin.
Pourquoi tu n'aimes pas ton prof d'histoire?	Car il est antipathique et me gronde souvent.
Qui est ton prof préféré?	La prof de français.
Pourquoi?	Car elle m'aide tout le temps.
Que fais-tu pendant la récré?	Je mange et je discute avec mes amis.
Vous faites du sport à l'école?	Oui, nous faisons de l'athlétisme et de la natation.
À quelle heure rentres-tu chez toi?	Vers trois heures et demie de l'après-midi.
Comment sont les règles dans ton collège?	Elles sont très strictes. Je n'aime pas cela!
Quelle est la règle que tu aimes le moins?	Qu'on ne peut pas porter de maquillage.

2. Translate into French

a. **J'arrive au collège vers huit heures.**
c. **Ensuite j'ai espagnol.**
e. **Mon dernier cours est informatique.**
g. **Dans mon collège il y a quelques règles.**

b. **Aujourd'hui, mon premier cours est anglais.**
d. **L'heure du déjeuner est à midi.**
f. **Je déteste cette matière.**
h. **On ne peut pas porter de maquillage.**

3. Translate the two paragraphs into French

a. D'habitude j'arrive au collège à 8h15. Le lundi, mon premier cours est histoire. J'adore l'histoire parce que le professeur est sympathique et amusant. Ensuite, j'ai la récréation jusqu'à 9h30. Pendant la récréation, d'habitude, je discute avec mon meilleur ami Paul ou avec ma copine. En deuxième heure j'ai cours d'anglais. Je n'aime pas cette matière. Le déjeuner est à midi. Après le déjeuner, j'ai deux autres cours: anglais et mathématiques. Je n'aime pas ces matières parce qu'elles sont trop difficiles. Dans mon collège, les règles sont très strictes. On ne peut pas courir dans les couloirs, on ne peut pas se maquiller ou porter des boucles d'oreilles, on ne peut pas utiliser l'ascenseur, on ne peut pas parler sans lever la main et les filles ne peuvent pas porter de maquillage.

b. Les règles dans mon collège sont très strictes. Tout d'abord, on doit arriver à 7h45 pile. Deuxièmement, on doit porter un uniforme. Je déteste ça, parce que je ne peux pas porter ma casquette de baseball préférée et mes baskets. Aussi, je ne peux pas mâcher de chewing-gum ni utiliser mon téléphone portable. Je ne peux pas non plus jouer à des jeux vidéo pendant la récréation et le déjeuner. En classe, on ne peut pas parler sans lever la main et on ne peut pas aller aux toilettes. Cependant, ce que j'aime dans mon collège, c'est que les professeurs sont sympas, j'apprends beaucoup et on peut faire beaucoup de sport.

TERM 1 – BRINGING IT ALL TOGETHER – 4

1. Answer the following questions in English

a. Quite big

b. A sports centre

c. Croissants and peach juice

d. Goes to school by bus

e. 8:30

f. Maths

g. 3:00

h. His brothers and his friends

i. Ate dinner with his family and played the guitar

j. PE and Music

2. Find the French equivalent in Enzo's text

a. Mes quatre frères

b. Nous y allons tous les jours

c. En général, nous mangeons du pain

d. J'aime faire mes devoirs après le petit-déjeuner

e. Les cours commencent à

f. La récré est à dix heures et demie

g. Il est interdit de

h. Après le collège

i. Nous jouons toujours au foot

j. Nous avons fait de la natation

k. C'était très fatigant

l. Demain, c'est jeudi

m. Les professeurs sont sympas et amusants

3. Complete the translation of paragraph 4

In my school, there are a few **rules** and in my opinion, they are **very** important. One **cannot** eat **chewing gum** nor eat in the **classrooms**. One must not use the **mobile phone** and one cannot go to the **toilet** during **lessons**. You **have** to wear **uniform** and it is forbidden to wear **trainers**, **make-up** and **headphones**. Nor can you wear **earrings** which to me seems a bit **strict**.

4. True (T), False (F) or Not Mentioned (NM)?

a. T b. F c. T d. NM e. T f. T g. F h. T i. T j. F k. NM l. T m. T

5. Complete the statements

a. Siblings b. Listen to music, mobile phone c. Long skirts, short skirts d. Chewing gum, strict
e. Olivier, Alice

UNIT 5. Talking about Le Carnaval de Nice

TRANSCRIPTS

1. Multiple choice

e.g. Pendant le carnaval, j'ai pris beaucoup de photos.
a. Pendant le carnaval, j'ai beaucoup rigolé.
b. Finalement, je me suis couché à dix heures.
c. Le soir, je suis rentré à l'hôtel.
d. Nous sommes allés à Nice.
e. On ne doit pas apporter de feux d'artifice.
f. Nous avons rencontré des gens sympas.
g. Le soir, nous nous sommes reposés.

2. Complete the words

a. Nous sommes rentrés   b. Je suis arrivé   c. J'ai loué   d. Il a plu   e. Nous avons rencontré
f. Je me suis réveillé   g. J'ai rigolé   h. Je me suis douché   i. Je me suis couché   j. On ne doit pas

3. Spot the intruders

a. Le week-end dernier, je suis allée à Nice avec ma meilleure amie pour participer au carnaval.
b. Nous avons voyagé en car et le voyage était long, mais amusant. Quand je suis arrivée, j'ai loué une voiture.
c. Le jour du carnaval, je me suis réveillée très tôt.
d. Le matin, il faisait beau, mais ensuite, dans l'après-midi, il y avait des nuages.
e. Pendant le carnaval, j'ai beaucoup rigolé et j'ai pris des photos.
f. Après la fête, nous sommes rentrées à l'hôtel et nous avons dîné.
g. Finalement, nous nous sommes couchées à dix heures. C'était une expérience incroyable.
h. Pendant le carnaval, il est recommandé de porter un déguisement et des lunettes de soleil.

4. Fill in the blanks

a. Le week-end dernier, je suis allé à Nice avec mes amis pour participer au carnaval.
b. Nous avons voyagé en voiture et le voyage était long et ennuyeux.
c. Le jour du carnaval, je me suis réveillé à huit heures.
d. Nous sommes arrivés tôt en ville pour trouver un bon emplacement.
e. Après la fête, nous sommes rentrés à l'hôtel et nous nous sommes reposés.
f. Finalement, nous nous sommes couchés à dix heures. C'était une expérience mémorable.
g. Pendant ce carnaval, il y a quelques règles importantes. On ne doit pas apporter de boissons alcoolisées.
h. De plus, il est recommandé de porter un déguisement.

5. Faulty translation

e.g. J'ai voyagé en avion, mais ce n'était pas amusant.
a. Pendant le carnaval, j'ai pris beaucoup de photos.
b. Finalement, je me suis couchée à onze heures.
c. Après la fête, nous sommes rentrés à l'hôtel.
d. Nous avons rencontré des gens sympas.
e. Le matin, il faisait beau, mais il faisait froid.
f. Nous avons voyagé en voiture et le voyage était long.
g. L'après-midi, il y avait des nuages et le soir il a plu un peu.

6. Narrow listening

a. Bonjour, je m'appelle Franck et le week-end dernier, je suis allé à Nice avec mon meilleur ami pour participer au Carnaval de Nice. Nous avons voyagé en train et ensuite, nous avons loué une voiture. Le voyage était long, mais amusant.

b. Le jour du carnaval, je me suis réveillé à huit heures, mais mon ami s'est réveillé très tôt, à cinq heures et demie. Le matin, il faisait beau, mais l'après-midi, il y avait des nuages.

c. Pendant le carnaval, nous avons rencontré des gens sympas. Après la fête, nous sommes rentrés à l'hôtel et nous avons dîné. À mon avis, c'était une expérience incroyable.

7. Listen to Tamara and answer the questions in English

<u>Part 1</u>

Bonjour, je m'appelle Tamara et j'ai vingt-huit ans. Le week-end dernier, je suis allée à Nice avec mes amies pour participer au Carnaval de Nice. Nous avons voyagé en car et ensuite, nous avons loué une voiture. Le voyage était long et un peu ennuyeux. Quand nous sommes arrivées, nous avons dîné.

<u>Part 2</u>

Le jour du carnaval, nous nous sommes réveillées très tôt. Ensuite, nous sommes arrivées en ville à neuf heures pour trouver un bon emplacement. Le matin, il faisait froid, mais ensuite, il y avait du soleil. Pendant le carnaval, j'ai beaucoup rigolé et j'ai pris de belles photos.

<u>Part 3</u>

Après la fête, nous sommes rentrées à l'hôtel et nous nous sommes reposées. Finalement, nous nous sommes couchées à dix heures. C'était une expérience inoubliable.

ANSWERS

Unit 5. Talking about Le carnaval de Nice: LISTENING

1. Multiple choice

a. J'ai rigolé   b. Je me suis couché   c. Je suis rentré   d. Nous sommes allés   e. On ne doit pas
f. Nous avons rencontré   g. Nous nous sommes reposés

2. Complete the words

a. Nous sommes **rentrés**   b. Je suis **arrivé**   c. J'ai **loué**   d. Il a **plu**   e. Nous avons **rencontré**
f. Je suis réve**illé**   g. J'ai **rigolé**   h. Je me suis **douché**   i. Je me suis **couché**   j. On ne **doit** pas

3. Spot the intruders

a. Le week-end dernier, je suis allée à Nice avec ma **ta** meilleure amie pour participer au **le** carnaval.
b. Nous avons voyagé en **le** car et le voyage était **très** long, mais **assez** amusant. Quand je suis arrivée, j'ai loué une **belle** voiture.
c. Le **matin** jour du carnaval, je **ne** me suis réveillée **pas** très tôt.
d. Le matin, il faisait **super** beau, mais ensuite, dans l'après-midi, il y avait des nuages **noirs**.
e. Pendant **du** le carnaval, j'ai beaucoup rigolé et j'ai **vu** pris des photos.
f. Après la fête, nous **nous** sommes rentrés à l'hôtel et **ensuite** nous avons dîné.
g. Finalement, nous nous sommes couchés à dix heures **dix**. C'était une **des** expérience incroyable.
h. Pendant le carnaval, il est **généralement** recommandé de porter un déguisement et des lunettes **noires** de soleil.

4. Fill in the blanks

a. Le week-end **dernier**, je suis **allé** à Nice avec mes **amis** pour participer au carnaval.
b. Nous avons **voyagé** en **voiture** et le voyage était long et **ennuyeux**.
c. Le **jour** du carnaval, je me suis **réveillé** à huit heures.
d. Nous **sommes** arrivés **tôt** en ville pour **trouver** un bon emplacement.
e. **Après** la fête, nous sommes rentrés à l'hôtel **et** nous nous sommes **reposés**.
f. Finalement, nous **nous** sommes couchés à **dix** heures. C'était une expérience **mémorable**.
g. Pendant ce carnaval, il y a quelques **règles** importantes. On ne doit pas **apporter** de boissons alcoolisées.
h. De **plus**, il est recommandé de **porter** un déguisement.

5. Faulty translation

a. During the carnival, I **took** a lot of photos.   b. Finally, **I** went to bed at 11:00.
c. After the party, we went back to the **hotel**.   d. We met some **nice** people.
e. In the **morning**, the weather was good, but cold.   f. We travelled by car and the journey was long.
g. In the afternoon, it was cloudy. In the evening, it rained a **little**.

6. Narrow listening

a. Hello, my **name** is Franck and **last weekend**, I went to Nice with my **best friend** to **take part** in Le Carnaval de Nice. **We** travelled by **train** and then we **rented** a **car**. The trip was **long**, but **fun**.
b. On the day of the festival, I woke up at **8**, but my **friend** woke up very early at **5.30**.
In the **morning**, the weather was **nice**, but in the afternoon, it was **cloudy**.
c. During the carnival, we **met** lots of **nice** people. After the party, we **went back** to the **hotel** and we had **dinner**. In my opinion, it was an **incredible** experience.

7. Listen to Tamara and answer the questions in English

<u>Part 1</u>

a. 28   b. By coach and then rented a car   c. Long, a bit boring

<u>Part 2</u>

a. At 9 in the morning   b. Cold   c. Sunny   d. Laughed a lot and took beautiful photos

<u>Part 3</u>

a. Rested   b. Unforgettable

Unit 5. Talking about when I went to *Le carnaval de Nice*: VOCAB BUILDING

1. Match

Je suis allé à Nice – I went to Nice   **Pour participer à** – To take part in   **Elle s'est réveillée** – She woke up
On a loué une voiture – We rented a car   **Le voyage était dur** – The trip was hard
Nous sommes arrivés tôt – We arrived early   **Il y a quelques règles** – There are a few rules
On ne doit pas – One must not   **Apporter de l'alcool** – To bring alcohol   **Il est recommandé de** – It's recommended   **Porter un déguisement** – To wear fancy dress   **Il y avait des nuages** – It was cloudy

2. Missing letters

a. Le week-end **d**ernier   b. Je suis all**é** à Nice   c. Je me suis levé très t**ô**t   d. Le j**o**ur du carnaval
e. Pendant le carnaval   f. Il y a quelques r**è**gles importantes   g. Il a p**lu** un peu   h. Le matin
i. Des l**u**nettes de soleil   j. Nous avons beaucoup ri**g**olé   k. Nous avons rencontr**é** des gens sympas

3. Faulty translation

a. My **best** friend   b. **He** woke up at eight   c. We arrived **early**   d. The trip was **hard**
e. To bring **alcohol**   f. **Sunglasses**   g. It was **stormy**   h. It rained a **little**   i. I **laughed** a lot
j. I returned **to the hotel**   k. I **went to bed** at ten

4. Spot and add in the missing word

a. J'ai voyagé **en** voiture   b. Le voyage **était** long   c. Pendant **le** carnaval   d. **Des** gens sympas
e. On ne doit **pas**   f. Il y avait **du** soleil   g. Il a plu un **peu**   h. J'ai pris **beaucoup** de photos   i. Je **suis** rentré   j. Je **me** suis couché   k. Il **faisait** beau

5. Sentence puzzle
a. Le week-end dernier je suis allé à Nice   b. Pour participer au carnaval   c. Pour trouver un bon emplacement
d. Il y a quelques règles importantes   e. On ne doit pas apporter d'alcool   f. Il a plu un peu l'après-midi
g. C'était une expérience incroyable   h. J'ai rencontré des gens sympas   i. Nous avons beaucoup rigolé

6. Complete with the verb in the perfect form

a. La semaine dernière je **suis allé(e)** à Nice.   b. Mon ami et moi **avons voyagé** en train.   c. Je **me suis levé(e)** tôt, à sept heures.   d. Nous **sommes arrivés** tôt en ville.   e. J'**ai rencontré** beaucoup de gens sympas. f. Je **suis rentré(e)** à l'hôtel à pied.   g. Nous **avons pris** beaucoup de photos.   h. Nous **avons** beaucoup **rigolé**. i. Je **me suis douché(e)** à l'hôtel.   j. Puis, je **me suis reposé(e)**. k. Mon ami et moi **nous sommes couchés** tard.   l. C'**était** une expérience mémorable.

7. Bonne ou Mauvaise idée?

a. Mauvaise idée   b. Bonne idée   c. Bonne idée   d. Mauvaise idée   e. Mauvaise idée   f. Bonne idée
g. Mauvaise idée

8. Gapped translation

a. Last   b. Take part   c. Best   d. Travelled   e. A few   f. Alcoholic drinks   g. Good   h. Rained   i. Spot   j. Met

9. Translate into English

a. In the morning   b. It was cloudy   c. But then the weather was good   d. I met a lot of people
e. I laughed a lot   f. We took a lot of photos   g. It was cold   h. We returned to the hotel
i. We showered   j. We dined late   k. I rested after dinner   l. It was an unforgettable experience

Unit 5. Talking about when I went to Le carnaval de Nice: READING 1

1. Find the French equivalent

a. J'ai passé un moment mémorable   b. pour participer au   c. nous nous sommes réveillés
d. on a loué une voiture   e. nous sommes arrivés tôt   f. Durant le carnaval   g. il y a quelques règles
h. des lunettes de soleil   i. il faisait beau   j. (Nous) avons pris beaucoup de photos
k. C'était vraiment génial!   l. Finalement, nous nous sommes couchés   m. une expérience inoubliable

2. Answer the questions in French in full sentences, as if you were Marc

a. Je suis allé à Nice le week-end dernier.
b. J'y suis allé avec mon meilleur ami Christophe.
c. J'ai voyagé en avion (et puis j'ai loué une voiture).
d. Afin d'éviter les problèmes
e. Afin de créer une vraie atmosphère de fête.
f. Il faisait beau le matin.
g. J'ai rencontré beaucoup de gens sympas et j'ai pris beaucoup de photos.
h. J'ai mangé des fruits de mer.

3. Complete the sentences

a. Funny, sporty   b. Woke up, five   c. Listening, looking at   d. Early, good spot   e. Alcohol, fireworks, avoid
f. Returned, showered

Unit 5. Talking about when I went to Le carnaval de Nice: READING 2

1. Find the French equivalent

a. Était assez intéressant   b. pour participer au   c. jouer de la guitare   d. Le jour du voyage
e. Ce n'était pas marrant du tout   f. pour trouver un bon emplacement   g. Je ne sais pas pourquoi
h. pour éviter les accidents   i. j'ai perdu mon appareil photo   j. Je déteste quand il y a trop de monde   k.
je ne voudrais jamais y retourner

2. Translate the following sentences into English

a. In the southeast of France   b. I woke up at 5:00 in the morning   c. It was not fun at all
d. There are a few rules to respect   e. It is forbidden to bring fireworks
f. The weather was good but it was too hot   g. I was happy because this day was over
h. It was a disappointing experience

3. Write T, F or NM and correct the incorrect statements

a. **T**   b. **F** – It was long and boring; it was not fun at all   c. **F** – They arrived early   d. **F** – He didn't meet anyone
e. **NM**   f. **F** – He didn't like the weather at all   g. **T**   h. **F** – He never wants to return

Unit 5. Talking about when I went to Le carnaval de Nice: READING & WRITING

1. Find someone who

a. Léon   b. Denis   c. Rose   d. Dylan   e. Natasha   f. Dylan   g. Matéo   h. Léa   i. Jean
j. Arielle   k. Matéo   l. Sarah

2. Complete with a suitable word

a. carnaval   b. any person   c. voiture   d. Any adjective   e. Any time   f. gens   g. Hôtel   h. beaucoup
i. aimé/adoré   j. mangé

3. Write an extension of the sentence said by each person on the left

Students' own answers

Unit 5. Talking about when I went to Le carnaval de Nice: WRITING

1. Complete the text below with one of the options below

Le mois dernier je **suis allé** avec mon cousin à Nice, pour participer au carnaval. Le jour du voyage, je me suis réveillé très tôt, à six heures. J'ai voyagé en avion et puis j'**ai loué** une voiture. Le trajet était long, mais amusant. Je me suis détendu en **écoutant** de la musique. Le jour du carnaval, nous sommes arrivés tôt pour trouver un bon **emplacement**. Pendant le carnaval, il y a **quelques** règles importantes. La plus importante est de ne pas **apporter** d'alcool. Le matin, **il a plu** et il y a eu de l'orage, mais l'après-midi il **a fait** beau. Pendant le **carnaval**, j'ai rencontré plein de gens sympas et mon cousin et moi nous avons beaucoup **rigolé**. Le soir, je suis rentré à l'hôtel et je me suis **douché**. Ensuite, je suis allé au restaurant avec mon **cousin** et nous avons bien mangé. **C'était** une expérience inoubliable. Je **voudrais** encore y retourner l'an prochain.

2. Complete the grid with the appropriate perfect tense form of the verbs below

J'ai rencontré – Nous avons rencontré   **J'ai mangé** – Nous avons mangé   **J'ai voyagé** – Nous avons voyagé
Je suis arrivé – Nous sommes arrivés   **Je me suis couché** – Nous nous sommes couchés
Je me suis levé – Nous nous sommes levés   **Je me suis douché** – Nous nous sommes douchés

3. Guided translation

a. L'**été** d**ernier** je **suis allé(e)** à Nice.   b. J'y **suis allé(e)** a**vec** m**on** m**eilleur** a**mi** Jean.   c. **Nous** y **sommes** a**llés** p**our** p**articiper** au **carnaval**.   d. **Il** y **a** des r**ègles** i**mportantes**.   e. On ne d**oit** p**as** a**pporter** de b**oissons** a**lcoolisées**.   f. Le m**atin** il **faisait** b**eau**, m**ais** l'**après-midi** il a p**lu**.

4. Translate the following text into French

Salut. Je m'appelle Pierre. L'année dernière, je suis allé dans le sud-est de la France.
Je suis allé participer au carnaval de Nice. J'y suis allé avec mon meilleur ami Thomas. Il est gentil et amusant.
Nous avons voyagé en avion puis en train. Le voyage était très long, mais assez amusant.
Le jour du carnaval, nous sommes arrivés assez tôt pour trouver un bon emplacement. Pendant le carnaval, il y a quelques règles importantes. On ne doit pas apporter de boissons alcoolisées ou de feux d'artifice. Il est aussi recommandé de porter un déguisement et des lunettes de soleil.
Le matin, il faisait beau et il faisait très chaud. Plus tard, il y avait de l'orage et il a beaucoup plu.
Pendant le carnaval, j'ai pris beaucoup de photos et j'ai beaucoup rigolé, c'était incroyable!
C'était une expérience inoubliable et je voudrais y retourner l'année prochaine.

5. Write a 150 to 250 words paragraph in which you talk about a make-believe trip to the Nice carnival. Mention:

Students own answer based on language from this unit.

TERM 1 – BRINGING IT ALL TOGETHER – 5

1. Answer the following questions in English

a. There are many things to do in his neighbourhood   b. Abroad   c. To England
d. It is faster and comfortable   e. By coach   f. In a youth hostel   g. To get a good spot
h. The weather was good   i. He took many pictures   j. Returned to the youth hostel

2. Find the French equivalent in Jean's text

a. Dans la banlieue de la ville   b. Il y a beaucoup de choses à faire   c. il y a deux ans je suis allé en Angleterre
d. je loge toujours dans un hôtel de luxe   e. même si c'est plus cher   f. où j'étais pour participer au
g. nous avons voyagé en car   h. (C'était) assez tranquille et confortable   i. je me suis réveillé très tôt
j. Le matin, il y avait des nuages   k. nous avons rencontré des gens sympas   l. Après la fête
m. C'était une expérience inoubliable

3. Complete the translation of paragraph 6

During the **carnival**, there are a few important **rules** that are fundamental for the safety of **all** participants. It's forbidden to **bring** alcoholic drinks and **fireworks** to avoid **problems** and **accidents** . In addition, it is **recommended** to wear **fancy dress** because it's more **fun** .

4. True (T), False (F) or Not Mentioned (NM)?

a. F   b. T   c. T   d. F   e. T   f. T   g. T   h. F   i. T   j. F   k. T   l. F   m. T

5. Complete the statements

a. Long, quick   b. long, boring   c. Danièle, best   d. Gaël, photos, met
e. Danièle, go back

END OF TERM 1 – QUESTION SKILLS

TRANSCRIPTS & ANSWERS

1. Fill in the missing letters

a. Où es-tu **allé** en vacances?

b. **Comment** as-tu v**oyagé?**

c. Comment é**tait** le v**oyage?**

d. Où a**s**-tu **logé?**

e. C'était b**ien?**

f. Qu'e**st-ce** que tu as f**ait?**

g. Qu'est-ce que tu as a**imé** le p**lus?**

h. Que f**ais**-tu pendant ton **temps** libre?

i. Qu'est-ce q**ue** tu as fait h**ier** après l'école?

j. Qu'est-ce que tu v**as faire** ce week-end?

k. À quelle h**eure** commencent l**es cours?**

l. À **quelle** heure finiss**ent** les cours?

m. **Quels** cours as-tu le m**atin?**

n. Qu'e**st-ce** que tu fais a**près** le collège?

o. **Comment est** le règlement de t**on** collège?

p. Es-t**u** dé**jà** all**é** à un festival français?

q. Q**uand** y es-tu allé?

2. Choose the option that you hear

a. Je suis allé en vacances en **Allemagne.**

b. J'ai voyagé en **voiture.**

c. Le voyage était **amusant.**

d. J'ai logé dans **un camping.**

e. C'était **horrible.**

f. Le premier jour, **j'ai fait du vélo.**

g. J'ai passé du temps avec mes **amis.**

h. Pendant mon temps libre, je joue **du piano.**

i. J'ai fait **mes devoirs.**

j. Je vais aller **au centre commercial.**

k. Les cours commencent à **neuf** heures.

l. Les cours finissent à **trois** heures.

m. En première heure, j'ai **espagnol.**

n. Je vais au club d'**équitation.**

o. On ne doit pas porter de **boucles d'oreilles.**

p. Je suis allé à **la plage.**

q. Je crois que c'était **inoubliable.**

3. Listen and write in the missing information

a. L'été **dernier**, je suis allée en **vacances** avec ma **famille**. Je suis allée en France.

b. Nous avons voyagé en **avion** et le voyage **a duré** quatre heures et **demie.**

c. Le **voyage** était très **rapide** et assez **confortable.**

d. J'ai **logé** dans une **auberge de jeunesse** au centre-ville.

e. J'ai **adoré** le voyage parce que les **gens** étaient **sympas.**

f. Pendant les vacances, **j'ai fait** beaucoup de choses. Le premier jour, **j'ai loué** un **vélo.**

g. Ce que **j'ai aimé** le plus, **c'était** quand **j'ai vu** un match de foot avec mon **meilleur** ami.

h. Pendant mon temps **libre** j'aime jouer au **foot** au **centre sportif.**

i. Hier, **après** le collège, je suis allé **chez** un ami pour **jouer** à la PlayStation.

j. Ce **week-end**, je vais aller au **parc** avec mes **grands-parents.**

k. Dans mon **collège**, les cours **commencent** à **huit** heures et demie.

l. **Dans** mon collège, les cours **finissent** à **trois** heures de l'après-midi.

m. En première **heure**, j'ai cours de **français**. Après, j'ai cours d'**anglais.**

n. **Après** le collège, je vais au club d'**échecs** avec ma **sœur.**

o. Dans mon collège, on ne **doit** pas mâcher de **chewing-gum** dans les **salles de classe.**

p. Oui, l'année dernière, je suis allée au **Carnaval de Nice**, une **fête** qui est célébrée en **février.**

q. J'y suis allée l'**hiver** dernier avec mon **ami** et **j'ai adoré.**

UNIT 6. Talking about yesterday after school

TRANSCRIPTS

1. Dictation

a. Qu'est-ce que tu as fait hier?
b. J'ai pris le petit-déjeuner à six heures.
c. J'ai eu cours de français.
d. Pendant le trajet retour, j'ai dormi.
e. J'ai fait mes devoirs dans le salon.
f. J'ai joué du piano dans ma chambre.
g. L'après-midi, je suis allé au parc.
h. Après le dîner, je suis allé sur internet.
i. J'ai appris beaucoup de choses.
j. J'ai utilisé mon ordinateur portable.

2. Listen and fill in the gaps

a. Hier matin, je me suis levée à six heures.
b. Au collège, j'ai eu cours de français et c'était amusant.
c. Après, je suis rentrée à la maison en bus.
d. Pendant le trajet retour, j'ai parlé avec mes amis.
e. Quand je suis arrivée à la maison, j'ai dormi.
f. J'ai joué aux jeux vidéo dans ma chambre.
g. L'après-midi, j'ai rencontré mes amis.
h. Après le dîner, je suis allée sur internet.

3. Spot the intruders

Hier matin, je suis allé au collège à sept heures et demie. Au collège, j'ai eu cours d'anglais et c'était bien. Après, je suis rentré à la maison à pied à quatre heures. Pendant le trajet retour, j'ai écouté de la musique. Quand je suis arrivé à la maison, j'ai joué aux jeux vidéo dans ma chambre. Plus tard dans l'après-midi, je suis allé au centre commercial. Après le dîner, j'ai utilisé mon téléphone portable pour regarder Instagram.

4. Multiple choice

e.g. Quand je suis arrivée à la maison, j'ai joué du piano dans le salon.
a. Hier matin, je suis allée au collège à sept heures.   b. Au collège, j'ai eu cours de français et c'était amusant.
c. Après, je suis rentrée à la maison à pied à trois heures.   d. Pendant le trajet retour, j'ai parlé avec mes amis.
e. Quand je suis arrivée à la maison, j'ai promené le chien.   f. L'après-midi, j'ai discuté avec mes amis.
g. Après le dîner, je suis allée sur internet pour chercher des informations.
h. Qu'est-ce que tu as fait après le collège?

5. Faulty translation

e.g. Après le dîner, j'ai utilisé mon téléphone portable pour regarder des vidéos sur YouTube.
a. Hier matin, j'ai pris le petit-déjeuner à six heures et demie.
b. Au collège, j'ai eu cours de français et c'était amusant.
c. Après, je suis rentrée à la maison en bus à trois heures.
d. Pendant le trajet retour, j'ai écouté de la musique.
e. Quand je suis arrivée à la maison, j'ai fait mes devoirs dans le jardin.
f. Plus tard dans l'après-midi, j'ai discuté avec mon ami.
g. Après le dîner, j'ai utilisé mon téléphone portable pour discuter avec mes amis.

6. Listening slalom

a. Après le dîner, j'ai utilisé mon téléphone portable pour regarder Instagram.
b. Au collège, j'ai eu cours d'anglais et c'était amusant.
c. Après, je suis rentrée à la maison en voiture avec ma sœur à cinq heures.
d. Après, à six heures et demie je suis allée au parc avec mes amis.
e. Avant le collège, je me suis levée à six heures et j'ai parlé avec mon frère.

7. Narrow listening

Salut, je m'appelle André et je suis d'Annecy. J'ai onze ans et j'habite avec mes parents et mon frère cadet. Hier matin, je me suis levé à six heures et demie et je suis allé au collège à sept heures et demie. Au collège, j'ai eu cours d'anglais et j'ai appris beaucoup de choses. Après, je suis rentré à la maison en bus à trois heures. Pendant le trajet retour, j'ai écouté de la musique. Quand je suis arrivé à la maison, j'ai fait mes devoirs dans le salon. Plus tard dans l'après-midi, je suis allé au parc avec mon frère. Après le dîner, je suis allé sur internet pour regarder des vidéos sur YouTube.

8. Listen to the two conversations and answer the questions in English

<u>Conversation 1</u>

Laura: Salut, Yvan. Qu'est-ce que tu as fait hier?
Yvan: Salut, Laura. Eh bien, hier matin, je me suis levé à sept heures et demie et je suis allé au collège.
Laura: Comment es-tu allé au collège?
Yvan: Je suis allé au collège en bus et je suis aussi rentré à la maison en bus. Et toi?
Laura: Je vais toujours au collège à pied. Cependant, hier, je suis rentrée à la maison en voiture avec mon père. Pendant le trajet retour, j'ai écouté de la musique.
Yvan: Qu'est-ce que tu as fait quand tu es arrivée à la maison?
Laura: Quand je suis arrivée à la maison, j'ai joué aux jeux vidéo avec ma sœur dans le salon. Et toi?
Yvan: Hier après-midi, je suis allé au centre commercial avec mes amis.

<u>Conversation 2</u>

Joël: Bonjour, Marie.
Marie: Salut, Joël. Qu'est-ce que tu as fait hier?
Joël: Hier, je suis allé au parc avec mes amis à cinq heures. Et toi?
Marie: Je suis restée à la maison et j'ai utilisé mon ordinateur portable pour regarder des vidéos sur YouTube. Après le dîner, j'ai écouté de la musique dans ma chambre et je me suis couchée tôt, à neuf heures.
Joël: Pourquoi? À quelle heure tu t'es levée hier matin?
Marie: Hier matin, je me suis levée très tôt, à cinq heures et demie, et j'ai promené mon chien. Après je suis allée au collège à pied. Au collège, j'ai eu cours de mathématiques et c'était un peu ennuyeux parce que j'étais fatiguée.

ANSWERS

Unit 6. Talking about yesterday after school: LISTENING

1. Dictation

a. Qu'**est**-ce q**u**e tu as f**ai**t h**ier**?
b. J'ai p**ris** le p**etit**-déjeuner à **six** heures.
c. J'ai e**u cours** de fran**çais**.
d. P**endant** le t**rajet** retour, j'ai d**ormi**.
e. J'ai f**ait** mes d**evoirs** dans le s**alon**.
f. J'ai j**oué** du piano d**ans** ma **chambre**.
g. L'a**près**-m**idi**, je s**uis allé** au p**arc**.
h. Après le d**îner**, je suis a**llé sur** internet.
i. J'ai a**ppris** b**eaucoup** de **choses**.
j. J'a**i** u**tilisé** m**on** ordina**teur** portable.

2. Listen and fill in the gaps

a. Hier matin, je me **suis levée** à **six** heures.
b. Au collège, j'ai eu cours de **français** et c'était **amusant**.
c. Après, je **suis rentrée** à la maison en **bus**.
d. Pendant le **trajet** retour, j'**ai parlé** avec mes **amis**.
e. Quand je suis **arrivée** à la maison, j'**ai dormi**.
f. J'**ai joué** aux **jeux** vidéo dans ma **chambre**.
g. L'**après-midi**, j'ai **rencontré** mes amis.
h. Après le **dîner**, je suis **allée** sur **internet**.

3. Spot the intruders

Hier matin, je **me** suis allé au collège à **les** sept heures et **la** demie. Au collège, j'ai eu cours d'anglais et c'était **très** bien. Après, je suis rentré **rapidement** à la maison à pied à quatre heures **dix**. Pendant **tout** le trajet retour, j'ai écouté de la musique **classique**. Quand je suis arrivé à la **ma** maison, j'ai joué aux **les** jeux vidéo dans ma chambre.

Plus tard dans l'après-midi, je suis **aussi** allé au centre commercial. Après le dîner, j'ai utilisé mon **nouveau** téléphone portable pour regarder **sur** Instagram.

4. Multiple choice

a. I got up   b. Bad time   c. School   d. I listened   e. I played   f. Park   g. YouTube   h. You eat

5. Faulty translation

a. Yesterday morning, I had breakfast at **6:30**.   b. At school, I had a **French** lesson and it was fun.
c. After, I returned home at 3:**00** by bus.   d. **During the return journey**, I listened to music.
e. When I arrived at home, I did my homework in the **garden**.
f. Later, in the afternoon, I **chatted with my friend**.
g. After dinner, I used my mobile phone to **chat with my friends**.

6. Listening slalom

a. After dinner, I used my mobile phone to look at my Instagram.
b. At school, I had an English lesson and it was fun.
c. After, I returned home by car with my sister at 5:00.
d. After, at 6:30, I went to the park with my friends.
e. Before school, I got up at 6:00 and I chatted with my brother.

7. Narrow listening

Salut, je m'**appelle** André et je **suis** d'Annecy. J'ai **onze** ans et j'**habite** avec mes **parents** et mon **frère** cadet. Hier **matin**, je me suis **levé** à six heures et **demie** et je suis **allé** au **collège** à **sept** heures et demie. Au collège, j'ai **eu** cours d'**anglais** et j'ai **appris** beaucoup de **choses**. Après, je suis **rentré** à la **maison** en bus à trois heures. Pendant le **trajet** retour, j'ai **écouté** de la musique. Quand je suis **arrivé** à la maison, j'ai **fait** mes **devoirs** dans le **salon**. Plus **tard** dans l'après-midi, je suis allé au **parc** avec **mon** frère. Après le **dîner**, je suis **allé** sur internet pour **regarder** des vidéos sur YouTube.

8. Listen to the two conversations and answer the questions in English

<u>Conversation 1</u>

a. At 7:30   b. By bus   c. By car (with her dad)
d. She played video games with her sister in the living room
e. He went to the shopping mall with his friends

<u>Conversation 2</u>

a. He went out to the park with friends (at 5:00 in the afternoon)   b. To watch videos on YouTube
c. In her bedroom   d. At 5:30   e. On foot

Unit 6. Talking about yesterday after school: VOCAB BUILDING

1. Complete with the missing word

a. Pris   b. Français   c. Promené   d. Discuté   e. Portable/Ordinateur
f. Matin   g. Fait/Devoirs   h. Rencontré   i. Salon

2. Match

Hier – Yesterday	**Je me suis levé** – I got up	**À trois heures** – At 3:00
Ma chambre – My bedroom	**L'après-midi** – In the afternoon	**En voiture** – By car
C'était bien – It was good	**Dans le jardin** – In the garden	**Au collège** – At school

3. Translate into English

a. I got up at 6:00   b. Later, in the afternoon   c. I went to the park with my brother
d. I had an English lesson   e. After dinner   f. In order to watch videos on YouTube
g. I did my homework in my bedroom   h. I listened to music in the car

4. Add the missing letter

a. Je suis all**é**   b. Je me suis le**v**ée   c. Je suis **r**entré   d. J'ai **d**ormi   e.Ordinateur   f. Voi**t**ure   g. J'ai **p**arlé
h. J'ai discuté

5. Anagrams

a. Amusant   b. Ordinateur   c. J'ai appris   d. C'était bien   e. Collège   f. Informations   g. Jeux vidéo   h. Chambre

6. Broken words

a. J'ai **pris** le petit-**déjeuner**   b. Je me su**is** le**vé** à **six** heures   c. J'ai **eu cours** de **français**   d. J'ai **écouté** de la musi**que**   e. **Quand** je suis **arrivé**   f. **Après** le d**îner**   g. **Je suis allé** sur internet   h. **J'ai joué** aux **jeux** vidéo
i. J'ai **promené** le **chien**

7. Complete with a suitable word

a. Accept any past tense morning activity	b. Accept any lesson
c. Accept any transport method	d. Devoirs
e. Discuté/parlé	f. Trajet
g. Écouté	h. Accept any time of day

8. Spot the intruders

a. Hier **de** matin, je me suis levée à six heures.	b. Au **le** collège, j'ai eu cours d'espagnol.
c. Après, je suis rentrée **chez** à la maison.	d. Pendant **sur** le trajet retour, j'ai dormi.
e. Quand je **me** suis arrivé à la maison.	f. L'après-midi, **pour** j'ai rencontré mes amis.
g. Après **du** le dîner, j'ai utilisé mon ordinateur.	h. Hier **soir** matin, je suis allé au collège.
i. J'ai joué aux **les** jeux vidéo dans le salon.	j. J'ai joué **au** du piano dans ma chambre.

9. Translate the verbs

a. Had/Ate breakfast   b. Had   c. Went back   d. Talked   e. Arrived, played   f. Met up

10. Likely or unlikely

a. U   b. U   c. L   d. U   e. L   f. L   g. L   h. L   i. L   j. L

11. Sentence puzzle

a. Hier matin, je suis allé au collège à huit heures.	b. J'ai eu cours de français.
c. Après, je suis rentré à la maison à quatre heures.	d. Pendant le trajet retour, j'ai dormi.
e. Je suis arrivé à la maison et j'ai joué du piano.	f. L'après-midi, je suis allée au parc avec mes amis.
g. Après le dîner, j'ai utilisé mon ordinateur.	h. Hier soir, j'ai utilisé mon téléphone portable.

12. Multiple choice

a. Yesterday morning	b. I returned home	c. During the journey	d. It was a bit boring
e. I walked the dog	f. After dinner	g. I had a … class	h. In the living room

Unit 6. Talking about yesterday after school: READING 1

1. Find the French in Robert's text

a. J'ai douze ans   b. Je me suis douché   c. En première heure   d. Le prof n'explique pas très bien les choses   e. Dans ma chambre   f. Nous avons mangé une glace   g. Après le dîner   h. Je me suis couché

2. Who does the statement refer to: Robert or Anna?

a. Robert   b. Robert   c. Anna   d. Robert   e. Anna   f. Robert   g. Anna   h. Robert   i. Anna   j. Anna

3. Answer the following questions about Anna

a. Her father, her mother, her older brother and her younger sister   b. Because she lives quite far away
c. French, Maths   d. He is a bit boring, he tells her off   e. In the living room   f. Played football
g. Used her phone to look for information for her homework

4. Correct the mistakes

a. Hier ~~pour~~ matin.   b. Je ~~moi~~ me suis levé très tôt.   c. Je suis allé ~~le~~ au collège en vélo.   d. Je suis rentré à la
maison ~~les~~ à huit heures   e. ~~À~~ En deuxième heure, j'ai cours de maths.   f. Car parfois, je ne fais pas **mes** devoirs.
g. Je suis allé ~~dans~~ sur internet.

Unit 6. Talking about yesterday after school: READING 2

1. Find the French in David's text

a. Une ville dans le sud-ouest de la France   b. Un appartement assez moderne   c. Je me lève tous les jours
d. Hier, je me suis levé   e. J'ai mis mon uniforme   f. J'ai bu un jus d'orange   g. J'habite assez loin
h. Tu te fais gronder   i. Elle m'aide toujours   j. Pendant le trajet   k. Quand nous sommes arrivés chez lui
l. Dans la salle à manger   m. J'ai dîné avec ma famille

2. Spot and correct the mistakes

a. Dans ma famille, il y **a** cinq personnes   b. Je **me** lève tous les jours   c. Je **me** suis douché et j'ai mis mon
uniforme   d. Je suis allé **au** collège en bus   e. **Je m'**entends bien avec la prof   f. Je **ne** suis **pas** rentré
directement   g. Quand je **suis** rentré à la maison   h. J'ai dîné **avec** ma famille   i. Je **me** suis couché à dix
heures et demie

3. Tick or cross

a, b, d, f, g, j, l, m, n (appear in the text)

Unit 6. Talking about yesterday after school: READING & WRITING

1. Find someone who

a. Arthur   b. Hélène   c. Hugo   d. Irène   e. Jules   f. Mélanie   g. Michel   h. Hélène   i. Hugo   j. Frédéric

2. Complete with a suitable word

a. Accept any school subject starting with a consonant
c. Téléphone/ordinateur portable, vidéos
e. Accept any adjective
g. chez, accept any time.

b. Accept any masculine location
d. Matin
f. Rentré, jeux vidéo, chien

3. Using your imagination, write an extension of the sentence said by each person on the left

Students' own answers.

Unit 6. Talking about yesterday after school: WRITING

1. Complete the following sentences creatively

Students' own answers.

2. Tangled translation

a. Hier **matin**, je me suis levé **à sept heures** et j'ai pris des **céréales avec du lait** et une banane.

b. **Au collège**, j'ai eu cours de **français** à **neuf heures quarante**. Je déteste **le professeur parce qu'**il est **méchant**.

c. Après, **je suis rentré** à la maison **à quatre heures et quart** en voiture avec mon **père et mon frère cadet**.

d. Pendant le **trajet retour**, j'ai écouté de la **musique** et **j'ai dormi**.

e. Quand **je suis arrivée à la maison, j'ai joué** aux jeux vidéo dans le **salon avec ma** sœur cadette.

f. Ensuite, **l'après-midi, j'ai rencontré** mes amis au parc **et nous avons discuté**.

g. Après le **dîner, j'ai utilisé mon** téléphone portable **pour chercher** des informations pour **mes devoirs**.

3. Fill in the missing letters

a. Le ma**tin**   b. J'ai **eu** cours de fran**çais**   c. J'ai a**ppris** beaucoup   d. Je s**uis** rentré   e. Le t**rajet** retour
f. J'ai f**ait** m**es** de**voirs**   g. Je s**uis** all**é** au p**arc**   h. J'ai uti**lisé** mon ordina**teur**

4. Translate into French

a. Hier matin, je suis allé au collège en bus à 8h30.

b. Au collège, j'ai eu cours d'espagnol et j'ai appris beaucoup de choses.

c. Plus tard, je suis rentré à la maison à pied à 3h30 et, pendant le trajet retour, j'ai écouté de la musique.

d. Quand je suis arrivée à la maison, j'ai promené le chien avec ma sœur. Après, j'ai joué aux jeux vidéo dans ma chambre.

e. Plus tard dans l'après-midi, je suis allé au centre commercial avec mon meilleur ami.

TERM 2 – BRINGING IT ALL TOGETHER – 6

1. Answer the following questions in English

a. Her mother and her older brother   b. Walk the dog   c. On foot
d. 8:15   e. They are quite strict   f. 7:30
g. She forgot her chemistry book   h. Listened to music   i. Returned home
j. Went on the internet to look at Instagram and watch videos

2. Find the French equivalent in Pauline's text

a. Ce que j'aime le plus   b. Regarder un film au cinéma
c. Pour prendre le petit-déjeuner avec ma famille   d. Je dois aussi promener le chien
e. J'arrive vers huit heures   f. J'ai des cours différents tous les jours
g. Ma prof est intelligente   h. On ne peut pas lever la main en cours
i. Je suis allée au collège à sept heures et demie   j. Quand j'arrive à la maison
k. Je n'avais pas faim   l. Après, je suis allée au parc avec mes amies
m. Après le dîner, je suis allée sur internet

3. Complete the translation of paragraph 4

Yesterday **morning**, I got up **late** so I didn't have **breakfast** in order not to **arrive** late to **school**. I went to school at **7.30** like always. I had a **chemistry** lesson and it was quite **boring** because I had forgotten to **bring** my **book**. Afterwards, I **went back** home on **foot** at **3pm** and I **listened** to **music** on the way.

4. True (T), False (F) or Not Mentioned (NM)?

a. F   b. T   c. T   d. F   e. F   f. T   g. NM   h. T   i. T   j. T   k. F   l. T   m. T

5. Complete the statements

a. Anthony   b. Fell over, arrived, late   c. Anthony, Spanish   d. Played video games   e. Amira

UNIT 7. Talking about what I did last weekend

TRANSCRIPTS

1. Multiple choice

e.g. Le week-end dernier était très amusant.
a. Mes amis et moi sommes allés dans beaucoup d'endroits.
b. Vendredi, je suis allé au centre-ville pour faire une promenade.
c. Plus tard, nous sommes allés au cinéma pour voir un film d'action.
d. Samedi, j'ai passé un moment à utiliser mon téléphone portable.
e. Dimanche, je n'ai rien fait car j'étais fatigué.
f. Finalement, je me suis couché vers dix heures.
g. Avant de dormir, j'ai écouté un peu de musique.

2. Complete the words

a. Amusant   b. Nous avons fait   c. Une promenade   d. Science fiction   e. Le samedi
f. Information   g. La guitare   h. J'étais occupé   i. Je me suis couché   j. J'ai lu un livre

3. Fill in the blanks

a. Qu'est-ce que tu as fait hier?   b. Le week-end dernier était assez divertissant.
c. Mes amis et moi avons fait beaucoup de choses.   d. Vendredi, je suis allée au centre commercial.
e. Plus tard, nous sommes allés au cinéma.   f. Samedi, j'ai passé un moment à étudier le français.
g. Dimanche, je n'ai rien fait parce qu'il faisait mauvais.

4. Spot the intruders

Le week-end dernier était assez divertissant. Mes amis et moi avons fait beaucoup de choses. Par exemple, nous sommes allés au centre-ville pour faire du lèche-vitrines. Samedi, j'ai passé une heure à jouer de la guitare avec mon ami à la maison. Dimanche, je n'ai rien fait parce que j'avais trop de devoirs. Finalement, je me suis couché vers dix heures.

5. Faulty translation

e.g. Le week-end dernier était très divertissant.
a. Mes amis et moi sommes allés au centre commercial pour acheter un cadeau.
b. Plus tard, nous sommes allés au cinéma pour voir un film récent.
c. Samedi, j'ai passé une heure à jouer de la guitare.
d. Dimanche, je n'ai rien fait parce qu'il faisait mauvais.
e. Finalement, je me suis couchée à neuf heures.
f. Avant de dormir, j'ai lu un livre.
g. Samedi, j'ai passé un moment à écouter de la musique.
h. Par exemple, je suis allée au centre-ville pour faire du lèche-vitrines.

6. Complete the table in English

a. Salut, je m'appelle Anita. Le week-end dernier était très amusant. Vendredi, je suis allée au centre commercial pour faire du lèche-vitrines et plus tard, je suis allée au cinéma pour voir un film de science-fiction. Samedi, j'ai passé une heure à jouer de la trompette avec mon amie dans ma chambre. Dimanche, je n'ai rien fait parce que j'étais fatiguée.

b. Bonjour, je m'appelle Patricia. Le week-end dernier était assez divertissant. Mes amis et moi avons fait beaucoup de choses. Vendredi, nous sommes allés au centre-ville pour faire une promenade et plus tard, nous sommes allés au cinéma pour voir un film récent. Samedi, j'ai passé un moment à écouter de la musique seule à la maison. Dimanche, je n'ai rien fait parce qu'il faisait mauvais.

c. Bonjour, je m'appelle Ian. Le week-end dernier était très divertissant. Mes amis et moi sommes allés dans beaucoup d'endroits. Vendredi, je suis allé au centre commercial pour faire du lèche-vitrines et plus tard, nous sommes allés au cinéma pour voir un film d'action. Samedi, j'ai passé une heure à utiliser mon téléphone portable dans ma chambre. Dimanche, je n'ai pas fait grand-chose parce que j'étais occupé avec ma famille.

7. Narrow listening

Salut je m'appelle Anthony et j'ai quatorze ans. Le week-end dernier était très amusant. Mes amis et moi avons fait beaucoup de choses. Vendredi, nous sommes allés au centre commercial pour faire une promenade et plus tard, nous sommes allés au cinéma pour voir un film d'action. Samedi, j'ai passé une heure à écouter de la musique avec mon ami à la maison. Dimanche, je n'ai rien fait parce que j'étais fatigué. Finalement, je me suis couché à dix heures. Avant de dormir, j'ai lu un livre.

8. Listen to Laura and answer the questions in English

Salut, je m'appelle Laura et j'ai dix-huit ans. J'habite à Paris, la capitale de la France. Le week-end dernier était très amusant. Mes amis et moi sommes allés dans beaucoup d'endroits. Par exemple, nous sommes allés au centre commercial pour faire du lèche-vitrines et plus tard, nous sommes allés au cinéma pour voir un film de science-fiction. Samedi, j'ai passé une heure à chercher des informations sur internet. Dimanche, je n'ai pas fait grand-chose parce que j'étais fatiguée. Finalement, je me suis couchée vers dix heures et demie, mais avant de dormir, j'ai écouté un peu de musique.

ANSWERS

Unit 7. Talking about what I did last weekend: LISTENING

1. Multiple choice

a. Choses   b. Nous   c. Fiction   d. Une   e. Occupé   f. Neuf   g. Joué

2. Complete the words

a. **Amusant**   b. Nous av**ons fait**   c. Une pro**menade**   d. Science fic**tion**   e. Le s**amedi**
f. **Information** g. La **guitare**   h. J'ét**ais** occu**pé**   i. **Je me suis** couch**é**   j. J'ai **lu** un **livre**

3. Fill in the blanks

a. tu as fait   b. divertissant   c. avons fait, choses   d. suis, commercial   e. sommes, cinéma   f. passé, étudier
g. Rien, mauvais

4. Spot the intruder
Le week-end **du** dernier était **très** assez divertissant. Mes amis et **nous** moi avons fait beaucoup de **les** choses. Par exemple, nous sommes **tous** allés au **le** centre-ville pour **se** faire du lèche-vitrines. Samedi **matin**, j'ai passé une heure à jouer de la guitare **électrique** avec mon **meilleur** ami à la maison. Dimanche **après-midi**, je n'ai rien fait parce que j'avais **beaucoup** trop de devoirs. Finalement, je me suis couché **tôt** vers dix heures.

5. Faulty translation

a. My friends and I went to a shopping mall to **buy a gift**.
b. **Later on** we went to the cinema to see a new film.
c. On Saturday, I spent an hour **playing the guitar**.
d. **On Sunday**, I didn't do anything because the weather was bad.
e. Finally, I went to bed at **9:00**.
f. Before going to sleep, **I read a book**
g. On Saturday, I spent a while **listening to music**.
h. For example, **I went to the city centre** to go window shopping.

6. Complete the table in English

a. Very fun / Went to the shopping mall to go window shopping, went to the cinema to see a science fiction film / Spent an hour playing trumpet with her friend in her bedroom / Didn't do anything because she was tired

b. Quite entertaining / Went to the city centre to go for a walk, went to the cinema to see a new film / Spent a while listening to music alone at home / Didn't do anything because the weather was bad

c. Very entertaining / Went to the shopping mall to go window shopping, went to the cinema to see an action film / Spent an hour using his mobile in his bedroom / Didn't do anything because he was busy with family

7. Narrow listening
Hello, my name is Anthony and I'm **14** years old. Last weekend was **very** fun. My **friends** and I did lots of **things**. On **Friday**, we went to the **shopping mall** to go for a **walk** and later, we **went** to the **cinema** to see an **action** film. On **Saturday**, I spent an hour **listening** to **music** with my **friend** in my house. On **Sunday**, I didn't do anything **because** I was **tired**. Finally, I went to bed at **10pm**. Before going to sleep, I **read** a **book**.

8. Listen to Laura and answer the questions in English

a. 18

b. Paris, France   c. Very fun

d. Went window shopping and to the cinema   e. Science fiction   f. Looking for information on the internet

g. Because she was tired   h. At about 10:30   i. She listened to a bit of music

Unit 7. Talking about what I did last weekend: VOCAB BUILDING

1. Match

Dormir - To sleep   **Hier** – Yesterday   **Divertissant** – Entertaining   **Nous sommes allés** We went **Beaucoup de choses** - Many things   **Une promenade** - A walk   **Au cinéma** - To the cinema
Étudier - To study   **Lèche-vitrines** - Window shopping   **Un moment** - A while
 J'étais fatigué - I was tired   **Il faisait mauvais** - The weather was bad   **Je me suis couché** I went to bed

2. Complete the words

a. Qu'est-ce que tu as fait ? b. C'était très amusant c. Par exemple d. Au centre commercial
e. Lèche-vitrines f. Pour voir un film g. J'ai passé un moment h. Chercher i. Mon téléphone portable
j. Pas grand-chose k. J'ai lu mon livre

3. Break the flow

a. C'était assez divertissant.   b. Nous sommes allés au cinéma.   c. Je suis allé au centre-ville.
d. Un film d'action.   e. J'ai passé une heure à jouer de la guitare.   f. Dimanche je n'ai pas fait grand-chose.
g. Parce que j'étais occupé.   h. Je me suis couché à dix heures.   i. J'ai écouté un peu de musique.

4. Complete the sentences

a. Tu as fait b. Amis c. Devoirs d. Voir e. J'ai écouté f. À jouer g. Grand-chose h. Commercial

i. Avant j. Assez k. J'ai parlé l. Informations

5. Sentence puzzle

a. Le week-end dernier était divertissant.   b. Vendredi, je suis allé au centre commercial.
c. Plus tard, je suis allé au cinéma avec mes amis.   d. Samedi, j'ai passé une heure à étudier.
e. Nous sommes allés dans beaucoup d'endroits.   f. Dimanche, je n'ai rien fait.
g. Finalement, je me suis couché vers dix heures.   h. Avant de dormir, j'ai lu mon livre.
i. Par exemple, je suis allée au centre-ville.

6. Multiple choice

a. Pour faire une promenade   b. Le week-end dernier   c. Avant de dormir   d. J'ai passé   f. J'ai lu
g. J'étais occupé   h. Pour faire du lèche-vitrines

7. Gapped translation

a. You do   b. Went, many   c. You do, sleep   d. Friday, city   e. I went, shopping mall   f. Friends, many

8. Translate into English

a. Last weekend was very entertaining.   b. On Saturday I spent an hour playing the piano.
c. On Sunday I didn't do much.   d. Because the weather was bad and I was tired.
e. On Friday I went window shopping.   f. Before going to sleep I listened to music.
g. It was quite fun.   h. Finally, I read a book in my bedroom.

9. Spot and correct the spelling & grammar mistakes (in the French)

a. C'était très amus**ant**   b. Mes amis et **moi**   c. **Le** vendredi
d. Au **centre-ville**   e. Il faisait **mauvais**   f. Nous somme**s** all**és**
g. Pour v**oir** un film   h. Faire une pr**om**ena**d**e   i. Nous avons **fait**
j. J'ai parlé avec m**on** ami**s**   k. J'ai passé un**e** heure   l. Avant de dorm**ir**

Unit 7. Talking about what I did last weekend: READING 1

1. Find the French equivalent in the text

a. Dans une petite maison   b. Mon frère s'appelle   c. Était assez divertissant
d. Chez notre glacier préféré   e. Mon frère adore les films de science-fiction
f. Nous sommes rentrés à la maison à neuf heures   g. J'ai passé un moment   h. Je suis resté à la maison
i. Je me suis couché à dix heures et demie

2. Gapped sentences

a. Small, house, parents, brother   b. City centre   c. Action   d. Loved   e. While, guitar
f. 9:00   g. Fruit, orange juice   h. Met up, park   i. Tired, weather, bad

3. Answer the questions below in French

a. J'habite dans une petite maison dans un vieux quartier à Espelette   b. Je suis allé au centre-ville et au cinéma
c. J'ai adoré   d. Dans le salon   e. Avec mon père   f. J'ai lu mon livre

Unit 7. Talking about what I did last weekend: READING 2

1. Find the French in Cédric's text

a. Une ville dans le nord-ouest de la France   b. Elle a huit ans
c. Elles sont très amusantes   d. Nous y sommes allés en voiture
e. J'adore les vêtements de sport   f. Nous avons regardé un film d'action
g. C'était intéressant   h. Dans la cuisine
i. Étudier l'allemand dans ma chambre   j. Pour rencontrer nos cousins
k. Un match de foot   l. Je me suis couché très tard
m. J'avais beaucoup de devoirs à faire

2. Spot and correct the mistakes

a. Ma sœur aînée ~~est~~ s'appelle   b. Nous **sommes** allés au centre commercial
c. J'adore les vêtements de ~~le~~ sport   d. **Nous** avons regardé un film d'action
e. Samedi **matin**, j'ai passé un moment   f. Nous sommes allés dans **un** café
g. Ma **sœur cadette**   h. Je **me suis** couché très tard
i. L'après-midi, je **n'ai pas fait** grand-chose

3. Tick or cross

b, c, h, i, j, k, l, m, o (appear in the text)

Unit 7. Talking about what I did last weekend: READING & WRITING

1. Find someone who

a. Laura   b. Anna   c. Lucie   d. Adrien   e. Sophie   f. Martin   g. Adrien   h. Philippe   i. Anna   j. Paul   k. Martin   l. Sophie   m. Paul

2. Complete with a suitable word

a. Fatigué(e)/occupé(e)   b. Accept any time of day   c. Accept any day   d. Rien   e. Sommes allés   f. Cinéma   g. Accept any feminine room   h. Commercial   i. Accept any adjective to describe the weekend

3. Write an extension of the sentence said by each person on the left

Students' own answers.

Unit 7. Talking about what I did last weekend: WRITING

1. Complete the following sentences creatively

Students' own answers.

2. Tangled translation

a. Le **samedi**, j'ai passé **un moment** à **chercher** des informations avec mon **ami** dans ma **chambre**.

b. Finalement, **je me suis couché(e)** vers **dix** et demie.

c. Le **vendredi, j'ai passé** une heure **à jouer** de la guitare.

d. J'ai utilisé **mon téléphone portable** pour **regarder** des vidéos.

e. **Je n'ai pas fait grand-chose** parce qu'il faisait **mauvais**.

f. **Quand** je suis arrivé à la maison, **j'ai fait** mes **devoirs**.

g. Avant de **dormir, j'ai parlé à** mon **amie**, Laura.

h. Le week-end **dernier, j'ai passé** une heure **à étudier le français**.

i. **Le dimanche**, je n'ai **rien** fait car j'avais **beaucoup de** devoirs.

3. Translate into French

a. Je me suis couché   b. Nous avons fait   c. J'étais occupé   d. Faire une promenade
e. Assez divertissant   f. Je n'ai rien fait   g. Il faisait mauvais   h. Plus tard

4. Translate into French

a. Le week-end dernier était très amusant. Mes amis et moi sommes allés dans beaucoup d'endroits.

b. Par exemple, nous sommes allés au centre-ville pour faire une promenade.

c. Plus tard, nous sommes allés au centre commercial pour faire du lèche-vitrines.

d. Finalement, nous sommes allés au cinéma pour voir un film récent.

e. Le samedi, j'ai passé un moment à écouter de la musique seul(e) dans ma chambre.

f. J'étais fatigué(e) et il faisait mauvais.

TERM 2 – BRINGING IT ALL TOGETHER – 7

1. Answer the following questions in English

a. Modern   b. He has a PlayStation in it   c. Eggs and apple juice   d. 8:15   e. 10:40
f. Went to the city centre to go window shopping and for a walk   g. Watched a football match
h. Spent a while in his room playing the guitar   i. He was busy with his games' console   j. Read his book

2. Find the French equivalent in Corentin's text
a. Dans mon appartement, il y a cinq pièces   b. C'est là que je préfère passer mon temps   c. Je mange du pain
d. Pendant la semaine   e. Je vais au collège en bus   f. Dans mon collège, il y a quelques règles
g. Il ne faut pas porter d'uniforme   h. Le week-end dernier était très amusant
i. Nous sommes allés chez un ami   j. La glace à la framboise   k. J'avais beaucoup de devoirs à faire
l. Après le déjeuner, j'ai fait mes devoirs   m. Je me suis couché vers onze heures

3. Complete the translation of paragraph 5

On **Saturday morning**, I spent a while playing the **guitar** in my **bedroom**. I love **music** and I **like** to learn **new**
songs. In the **afternoon**, I met up with my **friends** at the park at **4pm** in order to **play** football and **eat** an ice
cream. I like raspberry **ice cream**, but **yesterday**, I ate a **vanilla** and coconut ice cream.

4. True (T), False (F) or Not Mentioned (NM)?

a. NM   b. T   c. F   d. T   e. T   f. F   g. F   h. T   i. F   j. T   k. T   l. F   m. T

5. Complete the statements

a. Very well, tired   b. Red T-shirt, penguin   c. Dined, family   d. Film, watched   e. Went to bed

TERM 2 – MIDPOINT RETRIEVAL – PRACTICE

1. Answer the following questions in French (Students' own answers.)
2. Write a paragraph in the first person singular (I) providing the following details
Students' own answers (answers below provided for reference).
a. Je m'appelle Sarah. J'ai 13 ans et j'habite avec mes parents et mon frère.

b. Normalement, je joue au basket pendant mon temps libre.

c. Ce week-end, je vais aller au centre commercial avec mes amis.

d. Au collège, les cours commencent à 8h30.

e. Après le collège, je dois promener mon chien au parc.

f. Hier, je me suis réveillée tard et je suis allée au collège à pied.

g. Après le collège, j'ai fait mes devoirs de sciences.

h. Le week-end dernier, je suis allée au cinéma avec mon frère.

i. Le samedi, je suis allée chez ma grand-mère et le dimanche, je n'ai pas fait grand-chose.

j. Avant de dormir, j'ai lu mon livre.

3. Write a paragraph in the third person singular (he/she) about a friend or a family member.

Students' own answers (answers below provided for reference).
a. Mon amie s'appelle Irène, elle a treize ans et elle vient de Belgique.
b. En général, elle joue du piano pendant son temps libre.
c. Après le collège, elle doit faire ses devoirs et elle doit promener le chien.
d. Hier, elle s'est réveillée à sept heures et demie comme d'habitude.
e. Après le collège, elle a rencontré ses cousins dans le parc.
f. Le week-end dernier, elle a fait beaucoup de choses. Le samedi, elle est allée au centre commercial avec sa
famille pour faire du shopping et le dimanche, elle a fait du jogging dans le parc.
g. Avant de dormir, elle a écouté de la musique dans sa chambre.

UNIT 8. Talking about a recent outing to the cinema

TRANSCRIPTS

1. Multiple choice

e.g. Le week-end dernier, j'ai vu un film d'action.
a. Hier, je suis allé au cinéma avec mes amis.
b. Le week-end dernier, je suis allé au cinéma avec ma petite amie.
c. Le film parlait de l'amitié entre un enfant et son chien.
d. Pendant le film, j'ai mangé du pop-corn.
e. Ce que j'ai aimé le plus, c'était l'intrigue.
f. De plus, j'ai aimé les effets spéciaux.
g. À mon avis, la performance d'Alban Lenoir était impressionnante.

2. Complete the words

a. Je suis allée   b. Pour voir   c. Un film   d. D'horreur   e. D'amour   f. Une glace
g. Le harcèlement   h. Espionnage   i. Pop-corn   j. La bande sonore   k. Inoubliable

3. Fill in the blanks

a. Le week-end dernier, je suis allé au cinéma.   b. Je suis allé au cinéma avec mes amis.
c. Nous avons vu un film d'action.   d. La place de cinéma coûtait cinq euros.
e. Le film parlait d'une histoire d'espionnage.   f. Une lutte entre le bien et le mal.
g. Pendant le film, j'ai mangé du pop-corn.

4. Spot the intruders

a. L'amitié entre un enfant et son chien.   b. La place de cinéma coûtait cinq euros.
c. Le film parlait d'une relation amoureuse.   d. J'ai mangé des bonbons et j'ai bu du coca.
e. Ce que j'ai aimé le plus, c'était l'intrigue.   f. J'ai aimé les scènes de combat.
g. La performance de l'actrice était émouvante.

5. Dictation
a. Le week-end dernier, je suis allé au cinéma avec mon meilleur ami.
b. Nous y sommes allés pour voir un film d'horreur.
c. On s'est retrouvés en face du cinéma à sept heures et demie.
d. La place de cinéma coûtait huit euros. Ce n'est pas mal!
e. Le film parlait de racisme.
f. Pendant le film, j'ai mangé une glace.
g. Ce que j'ai aimé le plus, c'était comment l'histoire se termine.
h. La performance de l'acteur principal était vraiment émouvante.

6. Complete the table in English

a. Salut, je m'appelle Jean. Le week-end dernier, je suis allé au cinéma avec mes amis pour voir un film de science-fiction. La place de cinéma coûtait cinq euros. Ce que j'ai aimé le plus, c'était l'actrice principale.

b. Salut, je m'appelle Anna. Le week-end dernier, je suis allée au cinéma avec mes sœurs pour voir un film de guerre. La place de cinéma coûtait huit euros. Ce que j'ai aimé le plus, c'était comment l'histoire se termine.

c. Bonjour, je m'appelle Patricia. Le week-end dernier, je suis allée au cinéma avec mon petit ami pour voir un film d'horreur. La place de cinéma coûtait dix euros. Ce que j'ai aimé le plus, c'étaient les effets spéciaux.

7. Narrow listening

Part 1 – Bonjour, je m'appelle Léonard. Le week-end dernier, je suis allé au cinéma avec ma petite amie pour voir un film d'aventure. On s'est retrouvés en face du cinéma. La place de cinéma coûtait douze euros, c'est très cher! Le film parlait de super-héros qui sauvent le monde. Le film était très amusant.

Part 2 – Pendant le film, j'ai mangé du pop-corn, mais ma petite amie a mangé une glace. Nous avons bu une limonade. Ce que j'ai aimé le plus, c'était comment l'histoire se termine. J'ai aussi aimé les scènes de combat et les effets spéciaux. Cependant, les dialogues n'étaient pas très originaux. La performance de l'actrice principale était impressionnante et inoubliable.

8. Listen to Arielle and answer the questions in English

Bonjour, je m'appelle Arielle et j'ai quinze ans. Vendredi dernier, je suis allée au cinéma avec ma meilleure amie pour voir un film d'aventure. On s'est retrouvées en face du cinéma. La place de cinéma coûtait cinq euros. Le film parlait d'une lutte entre le bien et le mal. Le film était très intéressant. Pendant le film, j'ai mangé des bonbons, mais mon amie a mangé du pop-corn. Nous avons bu du coca. Ce que j'ai aimé le plus, c'était la bande sonore. Cependant, je n'ai pas aimé les effets spéciaux. La performance de l'acteur principal était impressionnante et émouvante.

ANSWERS

Unit 8. Talking about a recent outing to the cinema: LISTENING

1. Multiple choice

a. Yesterday   b. My girlfriend   c. Friendship   d. Popcorn   e. The plot   f. Special effects   g. Unforgettable

2. Complete the words

a. Je **suis allée**   b. **P**our rega**rder**   c. Un film de **guerre**   d. Ef**fets** spé**ciaux**   e. Un film d'**amour**   f. **La place**
g. Le harcè**lement**   h. **E**spionnage   i. Une g**lace**   j. La ban**de sonore**   k. Inoubliable

3. Fill in the blanks

a. Le week-end **dernier**, je suis allé au cinéma.
c. Nous avons vu un film **d'action**.
e. Le film **parlait** d'une histoire d'espionnage.
g. Pendant le film, **j'ai mangé du pop-corn**.

b. Je suis allé au cinéma avec mes **amis**.
d. La place de cinéma **coûtait** cinq euros.
 f. Une **lutte** entre le **bien** et le mal.

4. Spot the intruders

a. L'amitié entre un enfant ~~mais~~ et son chien.
c. Le film parlait d'une ~~la~~ relation amoureuse.
e. Ce que j'ai aimé le ~~moins~~ plus, c'était l'intrigue.
g. La performance de l'actrice était ~~très~~ émouvante.

b. La place de cinéma coûtait cinq ~~dix~~ euros.
d. J'ai mangé des bonbons et ~~après~~ j'ai bu du coca.
 f. J'ai ~~beaucoup~~ aimé les scènes de combat.

5. Dictation

a. **L**e week-end d**ernier**, j**e** s**uis allé** au cinéma a**vec** mon m**eilleur** ami.
b. Nous y s**ommes** all**és** pour **v**oir un film d'h**orreur**.
c. **O**n s'e**st retrouvés** en **f**ace d**u** cinéma à s**ept** h**eures** et d**emie**.
d. **L**a **place** de cinéma co**ûtait huit euros**. Ce n'est pas mal!
e. **L**e **f**ilm **parlait** de **r**acisme.
f. **P**endant le film, j'**ai mangé** u**ne g**lace.
g. **C**e **que** j'**ai aimé** le **p**lus, c'**était comment** l'h**istoire** se t**ermine**.
h. **L**a performance d**e** l'a**cteur principal était** vraiment é**mouvante**.

6. Complete the table in English

a. Friends / Science fiction / Five euros / The main actress
b. Sisters / War / Eight euros / How the story ends
c. Boyfriend / Horror / Ten euros / The special effects

7. Narrow listening

Part 1 – Hi, my **name** is Leonard. Last **weekend** I went to the **cinema** with my **girlfriend** to see an **animated** movie. We met up **opposite** the cinema. The **ticket** cost **12** euros, it's very **expensive**! The **story** was about **superheroes** who **save** the **world**. The film was very **fun**.

Part 2 – During the film, I ate **popcorn** but my **girlfriend** ate an **ice cream**. We **drank** a lemonade. What I **liked** the **most** was how the **story** ends. I also liked the **fight scenes** and the **special effects**. However, the **dialogues** were not very original. The performance by the **main actress** was really **impactful** and **unforgettable**.

8. Listen to Ariella and answer the questions in English

a. 15   b. Last Friday   c. Her best friend   d. An adventure film   e. Opposite the cinema
f. A battle between good and evil   g. Sweets, Coca-Cola   h. Popcorn   i. The soundtrack
j. Impactful and moving

Unit 8. Talking about a recent outing to the cinema: VOCAB BUILDING

1. Match

Je suis allé(e) – I went to the cinema   **L'histoire** – The story   **L'intrigue** – The plot   **La place** – The ticket
La bande sonore – The soundtrack   **De guerre** – War   **Parlait de** – (It) Talked about
Une glace – An ice cream   **Pendant le film** – During the film
L'actrice principale – The main actress   **En face du cinéma** – Opposite the cinema
C'était émouvant – It was moving   **Avec mon petit ami** – With my boyfriend

2. Complete the chunks

a. Avec mon petit ami   b. Un film de guerre   c. La bande sonore   d. C'était inoubliable   e. Les effets spéciaux
f. L'histoire   g. L'intrigue   h. Son chien   i. C'était impressionnant   j. Les dialogues   k. le harcèlement

3. Break the flow

a. Je suis allé au cinéma avec mes amis.   b. La place coûtait cinq euros.
c. J'ai mangé des bonbons   d. Le film parlait de racisme.
e. On s'est retrouvés en face du cinéma.   f. J'ai mangé une glace et j'ai bu un coca.
g. Ce que j'ai aimé le plus c'était l'intrigue.   h. Pour voir un film d'amour.
i. Le week-end dernier.

4. Complete with the missing words in the table below

a. Regardé   b. Aimé   c. C'était   d. Dialogues   e. Performance   f. glace   g. Aventure   h. En face du
i. Dernière   j. Racisme   k. Parlait   l. J'ai bu (words with no match: français / fête / chien)

5. Spot and correct the nonsense sentences

a. Le film parlait de (**accept any genre**)
b. Correct
c. Correct
d. Le film parlait de **super-héros** qui sauvent le monde.
e. Correct
f. **Accept 'mangé' / any drink**
g. **Any reasonable amount of money**

6. Sentence puzzle

a. Le film parlait d'une relation amoureuse

b. Je suis allé au cinéma pour voir un film d'action

c. Ce que j'ai aimé le plus, c'était la bande sonore

d. Le film parlait d'une lutte entre le bien et le mal

e. La performance d'Alban Lenoir était impressionnante

f. Ce que j'ai aimé le plus, c'étaient les scènes de combat

g. Le film parlait de super-héros qui sauvent le monde

h. Le week-end dernier, j'ai regardé un film d'amour

7. Gapped translation

a. Last weekend, **I went** to the cinema.   b. To **watch** a **science fiction** film.
c. During the film, I ate **sweets**.   d. What I liked the **most** was the **soundtrack**.
e. The film was about a **spy** story.   f. **When** was the last time that **you went** to the cinema?
g. **We met each other** opposite the cinema.   h. **What** I liked the **most** were the dialogues.
i. On **Saturday,** I went to the cinema with my **friends.**   j. **Last weekend,** I drank Coke.
k. The **special effects** were spectacular.

8. Translate into English

a. Yesterday, I went to the cinema with my girlfriend.
b. The ticket cost five euros.
c. We met up opposite the cinema.
d. During the film I ate a vanilla ice cream.
e. What film did you see?
f. The story was about the friendship between a boy and his dog.
g. What I liked the most was the main actor.
h. I ate popcorn and I drank Coke.
i. The film was about a battle between good and evil.
j. The acting by Audrey Tautou was very moving.

9. Spot and correct the spelling & grammar mistakes (in the French)

a. Je suis allé **au** cinéma   b. **Pour** voir un film   c. Tu **as** aimé?   d. Ça coûtait **cinq** euros
e. **Pourquoi?**   f. D'a~~d~~venture   g. J'ai aimé l'**actrice**   h. Son **chien**
i. C'était **inoubliable**   j. Le week-end **dernier**   k. En **face** du cinéma   l. Les **effets spéciaux**

Unit 8. Talking about a recent outing to the cinema: READING 1

1. Find the French equivalent in the text

a. Un petit quartier   b. Avec mes amis   c. Un film de guerre récent
d. Mais mona mi déteste ça   e. Est à côté du centre commercial
f. Mes amis ont mangé   g. Ce que j'ai aimé le plus   h. Je suis rentré à la maison
i. Je me suis couché vers onze heures

2. Gapped sentences

a. 1:30   b. Julien, horror   c. Opposite, park   d. Sweets, Coca-Cola   e. Popcorn   f. Soundtrack
g. How the story ends   h. Special effects, dialogues   i. Read, book, listened

3. Answer the questions below in French

a. Un film de guerre   b. 5 euros   c. En face du parc
d. D'une histoire d'espionnage, d'une relation amoureuse   e. Oui   f. Du poulet avec des frites

Unit 8. Talking about a recent outing to the cinema: READING 2

1. Find the French in Jules' text

a. Dans un vieux bâtiment   b. Était très amusant   c. Avec ma petite amie   d. On s'est retrouvés en face de chez moi   e. Le trajet était assez court   f. Nous avons mangé du pop-corn   g. Mais moi, j'ai bu de l'eau
h. Je n'ai pas aimé comment se termine l'histoire   i. Ce que j'ai aimé le plus   j. Elle n'a pas aimé les dialogues
k. Nous sommes allés au centre commercial   l. J'ai passé un moment à jouer à la PlayStation   m. Vers onze heures et demie

2. Spot and correct the mistakes

a. J'ai **seize** ans

b. **Samedi soir**, je suis allé au cinéma

c. Je **préfère** regarder des films d'amour

d. On s'est retrouvés **en** face de chez moi

e. Je **n'ai** pas vraiment aimé le film

f. Ce que j'ai aimé le plus c'**était** l'actrice principale

g. Ma petite amie **a** aimé la bande sonore

h. Elle n'a **pas** aimé les dialogues

i. Mon parfum **favori**, c'est

3. Tick or cross

a, c, e, f, i, j, k, l, m (appear in the text)

Unit 8. Talking about a recent outing to the cinema: READING & WRITING

1. Find someone who

a. Éric   b. Paul   c. Claudia   d. Albane   e. Julie   f. Raphaël   g. Denis   h. Albane   i. Sarah   j. Julie
k. Paul   l. Raphaël   m. Denis

2. Complete with a suitable word

a. Cinéma, any masculine person

b. Any film genre

c. Any time of day

d. Any sum and currency

e. J'ai mangé/Nous avons mangé

f. En face

g. Any element of a film

h. Any topic

i. Any adjective to describe acting

3. Write an extension of the sentence said by each person on the left

Students' own answers.

Unit 8. Talking about a recent outing to the cinema: WRITING

1. Complete the following sentences creatively

Students' own answers.

2. Tangled translation

a. Le week-end **dernier**, je **suis allé** au cinéma avec mes **amis.**
b. Nous y sommes allés **pour** voir un film d'**amour.**
c. **Nous nous sommes rencontrés** en face du **centre commercial** avant le film.
d. La **place** de **cinéma** coûtait **sept** euros. Ce n'est pas **mal**!
e. **Pendant le** film, **j'ai mangé** du pop-corn **et des bonbons** et j'ai bu de la limonade.
f. Ce que **j'ai aimé le plus** était la **bande sonore** et comment l'histoire **se termine.**
g. J'ai **aussi** aimé les **effets spéciaux** et les **scènes de combat.**
h. La performance de l'**actrice principale** était **impressionnante** et **inoubliable.**

3. Complete the sentences and then translate

a. A**vec** m**on** m**eilleur** a**mi**.
b. La p**laceb** c**oûtait** d**ix** e**uros**.
c. On s'est **retrouvés** en f**ace** d**u** c**inéma**.
d. L'a**mitié** e**ntre** un g**arçon** et son **chien**.
e. J'ai m**angé** une g**lace** et j'ai b**u** un **coca**.
f. Ce q**ue** j'**ai aimé** le plus é**tait** l'**intrigue**.

4. Translate into French

a. Le week-end dernier, je suis allé au cinéma avec ma petite amie.
b. On s'est retrouvés en face du cinéma à huit heures et la place coûtait six euros. Ce n'est pas mal!
c. L'histoire parlait de super-héros qui sauvent le monde.
d. L'histoire parlait de l'amitié entre un garçon et son chien.
e. Ce que j'ai aimé le plus c'était l'intrigue parce que c'était très intéressant.
f. La performance de Tom Holland était très émouvante. C'est mon acteur préféré.

TERM 2 – BRINGING IT ALL TOGETHER – 8

1. Answer the following questions in English

a. In the city centre
b. Seven rooms
c. Three or four times a week
d. Take the dog out
e. At the park
f. Science fiction
g. He doesn't like them
h. Popcorn
i. On his street
j. Read his book

2. Find the French equivalent in David's text

a. Une ville située dans le sud de la France
b. Près de chez moi, il y a
c. Car j'adore lire
d. Super-héros qui sauvent le monde
e. On s'est retrouvés à six heures et demie du soir
f. Quand nous sommes arrivés
g. Il n'y avait pas le choix
h. (Ce qui n'est) pas très cher
i. Qui luttait contre un démon
j. Je suis presque sorti de la salle
k. Nous sommes allés manger de la restauration rapide
l. Nous sommes tous rentrés ensemble
m. J'ai préféré lire mon livre que…

3. Complete the translation of paragraph 5

Although I was very scared, I **liked** the **film**. What I liked the **most** was the **main actress** because her **acting** was very **impressive**. I also liked the **special effects** because the **demon** looked real. I **didn't like** the **soundtrack because** it was very scary.

4. True (T), False (F) or Not Mentioned (NM)?

a. T b. T c. F d. NM e. T f. F g. F h. T i. F j. T k. F l. T m. T

5. Complete the statements

a. Battle, aliens b. A love story c. Lemonade d. Benoît, popcorn e. Fabien, ice cream

UNIT 9. Talking about a birthday party we went to

TRANSCRIPTS

1. Multiple choice

e.g. Mon amie a organisé la fête dans un restaurant.
a. Le week-end dernier, c'était la fête d'anniversaire de mon amie.
b. Mon amie a organisé la fête dans un centre commercial.
c. Il y avait beaucoup à manger et à boire. J'ai mangé un hamburger et j'ai bu de la limonade.
d. Nous nous sommes amusées en dansant et en jouant à des jeux.
e. J'ai donné un cadeau pas cher à mon amie.   f. Je lui ai acheté un bracelet et elle a beaucoup aimé.
g. La fête était géniale et j'ai passé un bon moment.

2. Complete the words

a. J'ai donné   b. Anniversaire   c. Je me suis amusé   d. Des gâteaux   e. Des boissons sans alcool
f. Nous nous sommes amusés   g. Des blagues   h. Je lui ai acheté   i. Une montre   j. Un collier

3. Fill in the blanks

a. C'était la fête d'anniversaire de mon meilleur ami.   b. Où était la fête de ton ami?
c. Mon ami a organisé la fête dans un parc d'attractions.   d. Il y avait beaucoup à manger. J'ai mangé une pizza.
e. Il y avait beaucoup à boire. J'ai bu du coca.   f. Nous nous sommes amusés en chantant du karaoké.
g. Je lui ai offert un bon d'achat et il a beaucoup aimé ça.

4. Spot the intruders

Le week-end dernier, c'était la fête d'anniversaire de mon amie. Mon amie a organisé la fête chez elle. Il y avait beaucoup à manger et à boire. J'ai mangé une pizza et des frites et j'ai bu du jus d'orange. Nous nous sommes amusés en jouant à des jeux. J'ai donné un cadeau cool à mon amie. Je lui ai offert un tee-shirt et elle a beaucoup aimé. La fête était géniale. J'ai passé un bon moment.

5. Faulty translation

e.g. J'ai donné un cadeau cool à mon ami.
a. Mon ami a organisé la fête chez lui.   b. Il y avait beaucoup à manger. J'ai mangé des gâteaux.
c. J'ai donné un cadeau original à mon amie.   d. Nous nous sommes amusés en dansant et en chantant.
e. Je me suis amusé en écoutant de la musique.   f. Je lui ai acheté une montre et il a beaucoup aimé ça.
g. Il y avait beaucoup à boire. J'ai bu du jus d'orange.   h. Mon ami a organisé la fête dans un centre commercial.

6. Complete the table in English

a. Bonjour, je m'appelle Alice et j'ai treize ans. Le week-end dernier, c'était la fête d'anniversaire de mon cousin. Mon cousin a organisé la fête dans un parc d'attractions. Il y avait beaucoup à manger et à boire. J'ai mangé une pizza et j'ai bu de la limonade. Nous nous sommes amusés en racontant des blagues et en jouant à des jeux. J'ai donné un cadeau cool à mon cousin. Je lui ai acheté un collier et il a beaucoup aimé ça. La fête était très amusante et j'ai passé un bon moment.

b. Salut, je m'appelle Romain et je suis de Provence. Le week-end dernier, c'était la fête d'anniversaire de mon amie. Mon amie a organisé la fête dans un restaurant. Il y avait beaucoup à manger et à boire. Nous avons mangé des frites et des gâteaux et nous avons bu du coca. Nous nous sommes amusés en dansant et en chantant du karaoké. J'ai donné un cadeau original à mon amie. Je lui ai offert un bracelet et elle a beaucoup aimé ça. La fête était géniale et j'ai passé un bon moment.

c. Comment ça va? Je m'appelle Michel et le week-end dernier, c'était la fête d'anniversaire de mon frère. Mon frère a organisé la fête dans un centre commercial. Il n'y avait pas beaucoup à manger, ni à boire, mais j'ai mangé des bonbons et j'ai bu du jus d'orange. Nous avons passé deux heures à regarder un film et nous nous sommes amusés en racontant des blagues. J'ai donné un cadeau pas cher à mon frère. Je lui ai acheté un tee-shirt et il a beaucoup aimé ça. La fête était très amusante et j'ai passé un bon moment.

7. Narrow listening

Salut, je m'appelle Hélène et je suis de Toulouse. Le week-end dernier, c'était la fête d'anniversaire de mon ami. Mon ami a organisé la fête chez lui. Il y avait beaucoup à manger et à boire. J'ai mangé une pizza et des gâteaux et j'ai bu du jus d'orange. Nous nous sommes amusés en jouant à des jeux, en écoutant de la musique et en dansant. J'ai acheté un cadeau cool à mon ami. Je lui ai offert une montre et il a beaucoup aimé ça. La fête était géniale. J'ai passé un bon moment.

8. Listen to Lorène and answer the questions in English

Bonjour, je m'appelle Lorène et je suis française, mais maintenant, j'habite en Angleterre. J'ai quinze ans. Le week-end dernier, c'était la fête d'anniversaire de mon meilleur ami Daniel. Il a organisé la fête dans un parc d'attractions. Il y avait beaucoup à manger et à boire. Moi, j'ai mangé un hamburger et j'ai bu du coca. Nous nous sommes amusés en racontant des blagues et en écoutant de la musique. J'ai donné un cadeau pas très original, mais très cher à mon ami. Je lui ai offert un maillot de foot de son équipe de foot préférée et il a beaucoup aimé ça. La fête était très amusante et j'ai passé un bon moment.

ANSWERS

Unit 9. Talking about a birthday party we went to: LISTENING

1. Multiple choice

a. Frère   b. Maison   c. Poulet   d. Chantant   e. Original   f. Moi   g. Amusante

2. Complete the words

a. J'ai d**onné**   b. Anni**versaire**   c. Je me suis a**musé**   d. Des g**âteaux**
e. D**es** b**oissons** **sans** al**cool**   f. Nous n**ous** som**mes amusés**   g. Des b**lagues**
h. Je l**ui** ai a**cheté**   i. U**ne** m**ontre**   j. Un c**ollier**

3. Fill in the blanks

a. C'était la **fête** d'anniversaire de mon **meilleur** ami.   b. **Où** était la fête de **ton** ami?
c. Mon ami **a** organisé la fête dans un parc d'**attractions**.   d. Il y avait beaucoup à **manger**. J'ai **mangé** une pizza.   e. Il y avait **beaucoup** à boire. J'ai **bu** du coca.   f. Nous nous sommes **amusés** en chantant du karaoké.   g. Je lui ai **offert** un bon d'**achat** et il a beaucoup aimé ça.

4. Spot the intruders

Le week-end dernier, c'était la ~~ma~~ fête d'anniversaire de mon ~~meilleure~~ amie. Mon amie a organisé la fête chez ~~lui~~ elle. Il y avait beaucoup ~~trop~~ à manger et ~~aussi~~ à boire. J'ai mangé une ~~bonne~~ pizza et des frites ~~mais~~ et j'ai bu du jus d'orange. Nous nous sommes amusés en jouant à des jeux ~~vidéo~~. J'ai donné un cadeau ~~très~~ cool à mon amie. Je lui ai offert un ~~joli~~ tee-shirt et elle a beaucoup aimé ~~ça~~. La fête était ~~vraiment~~ géniale. J'ai passé un ~~super~~ bon moment.

5. Faulty translation

a. My friend organised the party **at his house**.   b. There was a lot to eat. **I ate** cakes.
c. I gave an original gift **to my friend**.   d. We had fun dancing **and singing**.
e. **I had** fun listening to music.   f. I bought him **a watch** and he liked it a lot.
g. There was a lot to drink. I drank **orange juice**.   h. **My friend** organised the party at a shopping mall.

6. Complete the table in English

a. A theme park / Pizza, lemonade / Telling jokes, playing games / A necklace
b. A restaurant / Chips, cake, Coca-Cola / Dancing, singing karaoke / A bracelet
c. A shopping mall / Sweets, orange juice / Watching a film, telling jokes / A T-shirt

7. Narrow listening

Hi, my name is Hélène and **I am from** Toulouse. Last **weekend**, it was the **birthday** party of my **friend**. My friend organised the party at his **house**. There was a lot of **food** and **to drink**. I ate a **pizza** and **cakes** and I drank **orange juice**. We had fun **playing games**, listening to music and **dancing**. I gave a **cool** gift to my friend. I gifted him a **watch** and he liked it a lot. The party was **great**. I had a **good** time.

8. Listen to Lorène and answer the questions in English

a. In England   b. 15   c. Went to her best friend's birthday party   d. At a theme park   e. Yes
f. Hamburger.   g. Coca-Cola   h. Telling jokes, listening to music   i. Not very original, but very expensive
j. A football shirt from the best friend's favourite team

Unit 9. Talking about a birthday party we went to: VOCAB BUILDING

1. Match

La fête – The party   **Un cadeau –** A gift   **Nous avons mangé –** We ate
Anniversaire – Birthday   **Boissons sans alcool –** Soft drinks   **Des blagues –** Jokes
Je me suis amusé – I had fun   **Pas cher –** Inexpensive   **Je lui ai acheté –** I bought her
Une montre – A watch   **Des gâteaux –** Cakes   **Un collier –** A necklace
Cher – Expensive

2. Complete the chunks

a. J'ai orga**nisé** la f**ête**   b. **Anniversaire**   c. Des f**rites**   d. Un **collier**   e. N**ous** av**ons** bu
f. Un b**on** d'**achat**   g. Beau**coup** à m**anger**   h. J'ai d**onné**   i.Je lui ai o**ffert**   j. Je lui ai a**cheté**
k. À m**on ami**

3. Break the flow

a. Mon ami a organisé la fête chez lui.   b. Nous nous sommes amusés en dansant.
c. J'ai passé un bon moment.   d. J'ai donné un cadeau cool à mon ami.
e. Je lui ai acheté un bon d'achat.   f. je lui ai offert un collier et il a beaucoup aimé ça.
g. La fête était très amusante.   h. Où était la fête de ton amie?
i. Qu'est-ce que tu as fait pendant la fête?

4. Categorise as food, object or place

Un collier – O   Un gâteau – F   Une boisson – F   Une maison – P   Un parc – P
Un tee-shirt – O   Un bracelet – O   Una pizza – F   Des frites – F   Un jus – F
Une montre – O   Un cadeau – O

5. Spot and correct the nonsense sentences

a. **Mon ami** a organisé **la fête** chez lui.   b. La fête a **été** géniale.   c. Nous avons mangé **dans** un restaurant.
d. Je lui ai acheté un **cadeau**.   e. J'ai donné un **cadeau cool** à mon ami.   f. Nous **nous** sommes amusés en dansant.   g. Pendant la fête j'ai **bu** du coca.   h. Je me suis amusé en **jouant** à des **jeux**.

6. Complete with the missing words below

a. Où **était** la fête?   b. Mon ami a **organisé** la fête chez lui.
c. Je me suis amusé en **jouant** à des jeux.   d. J'ai **bu** du coca et de la limonade.
e. Je lui ai acheté un tee-shirt **original**.   f. J'ai mangé un **hamburger**.
g. J'ai passé un bon **moment**.   h. Hier c'était la **fête** de mon ami.

7. Sentence puzzle

a. Nous nous sommes amusés en regardant un film.
b. Il y avait beaucoup à manger et à boire.
c. Mon ami a organisé la fête dans un parc d'attractions.
d. Je me suis amusé en jouant à des jeux.
e. Nous avons mangé des gâteaux et bu du coca.
f. Nous avons bu des boissons sans alcool.
g. J'ai donné un cadeau original à mon ami.
h. C'était la fête d'anniversaire de mon ami.
i. Qu'est-ce que tu as donné à ton ami?

8. Gapped translation

a. What did you **give** your **friend**?
b. My **friend** organised the **party** in a restaurant.
c. It was the **birthday** party of my friend.
d. I ate a **burger** and **French fries**.
e. We drank **soft drinks**.
f. There was a lot to **eat** and **drink**.
g. **Last** Saturday was my birthday **party**.
h. My friend **organised** the party at his **house**.
i. I gave an **expensive gift** to my friend.
j. And he **liked** the gift **a lot**.

9. Translate into English

a. My friend organised the party in a shopping mall.
b. We had fun telling jokes.
c. I had a good time with my friends.
d. I gave him a very cool t-shirt.
e. We spent two hours singing karaoke.
f. We drank soft drinks and we ate cake.
g. During the party we had fun dancing.
h. The party was in a theme park.

10. Spot and correct the spelling & grammar mistakes

a. Pendant la **fête**.
b. Un **centre** commercial
c. Nous **avons** bu
d. La fête **était** géniale
e. **Jus** d'orange
f. **Un bon** moment
g. Où était la fête?
h. **Beaucoup** à boire et à manger
i. J'ai **mangé** une pizza
j. Un **parc** d'attractions
k. Un bon d'**achat**
l. Un **collier** cool

Unit 9. Talking about a birthday party we went to: READING 1

1. Find the French equivalent in the text

a. Située dans le nord-ouest
b. Près de chez moi, il y a
c. Il est très spacieux
d. Pour fêter ses quinze ans
e. Le trajet était amusant
f. Nous avons payé les entrées
g. Il y avait beaucoup à manger et à boire
h. J'ai donné un cadeau très cool
i. Son magasin préféré

2. Gapped sentences

a. Sports centre
b. Every day, friends
c. Birthday, theme park
d. Listened, music, told jokes
e. 35
f. Hamburger, French fries and a waffles
g. Very cool, quite expensive
h. Great

3. Answer the questions below in French

a. Il est allé à la fête d'anniversaire de son ami
b. De son ami Benjamin
c. Dans un parc d'attractions
d. Il y avait beaucoup à boire, du Coca-Cola
e. Une casquette de marque, un bon d'achat
f. Il n'a rien fait

Unit 9. Talking about a birthday party we went to: READING 2

1. Find the French in Florence's text

a. Dans le sud de
b. Mais assez vieille à l'extérieur
c. Les gens sont sympas
d. J'aime rencontrer mes amis
e. Nous avons invité toute notre famille
f. Je n'ai pas pris de gâteau
g. Mon frère a bu du jus d'orange
h. C'est sa boisson préférée
i. J'ai chanté la chanson
j. Nous avons passé une heure à jouer à des jeux
k. Je lui ai acheté une montre
l. Il a aussi eu
m. La fête était très amusante

2. Spot and correct the mistakes

a. J'habite dans une **maison** dans le **bourg** b. Il y a un **magasin de musique**
c. J'aime **rencontrer** mes amis d. **C'était** la fête d'anniversaire
e. Il y **avait aussi** les amis de mon frère f. J'ai mangé **de la** pizza
g. Il n'y **avait pas** de coca h. J'ai passé un **bon moment**
i. Je **lui** ai acheté une montre

3. Tick or cross

a, b, f, h, i, j, l (appear in the text)

Unit 9. Talking about a birthday party we went to: READING & WRITING

1. Find someone who

a. Andréa b. Claire c. Guillaume d. Léonard e. Julie f. Andréa
g. Arthur h. Alice i. Lionel j. Andréa k. Claire l. Julie

2. Complete with a suitable word

a. Past tense time phrase, any person b. Comida/bebida, any food item c. Any location
d. Any adjective to describe a gift e. Any activity f. Any feminine gift
g. Any adjective to describe a party

3. Write an extension of the sentence said by each person on the left

Students' own answers.

Unit 9. Talking about a birthday party we went to: WRITING

1. Complete the following sentences creatively

Students own answers.

2. Tangled translation

a. **Vendredi** dernier, **c'était** la fête d'anniversaire **de ma sœur aînée**.
b. Mon **cousin a organisé** la fête dans un **parc d'attractions**.
c. **J'ai bu** beaucoup de **boissons sans alcool**, j'ai mangé **un hamburger**.
d. **Pendant** la fête, **nous nous sommes amusés** et mon ami **a beaucoup aimé** ça.
e. Il y avait beaucoup **à manger et à boire**.
f. **J'ai donné** un cadeau **cher** à mon ami.
g. Nous nous sommes amusés **en racontant des blagues** et **en chantant du karaoké**.
h. Le **week-end dernier, nous avons mangé dans** un restaurant.

3. Translate into French

a. Samedi dernier c'était la fête d'anniversaire de ma grand-mère. b Il y avait beaucoup à manger, mais je n'ai pas mangé de pizza. c. Ma grand-mère a organisé sa fête dans un centre commercial.
d. La fête était géniale et j'ai passé un bon moment. e. L'année dernière elle a eu sa fête à la plage.

4. Translate into French

a. La **semaine** dernière était la **fête** d'**anniversaire** de mon **frère**.
b. Je lui ai **donné** un **cadeau original**. Je lui ai **acheté** un **collier** et il a **aimé** ça.
c. La **fête** était **amusante** et nous avons **passé** des **heures** à **chanter** et danser.
d. C'était l'**anniversaire** de ma **mère**. Je lui ai **donné un joli bracelet**.
e. Pen**dant** la **fête** nous nous **sommes amusés** en **racontant** des **blagues**

TERM 2 – BRINGING IT ALL TOGETHER – 9

1. Answer the following questions in English

a. Her father, her older brother and her younger sister   b. Isabelle
c. An action film   d. The special effects
e. 13   f. At Isabelle's house
g. Her maths homework   h. A friendship bracelet and a Taylor Swift T-shirt
i. Very tired   j. Read a book

2. Find the French equivalent in Sophie's text

a. Dans un petit quartier dans la banlieue   b. Elle habite dans ma rue
c. La place de cinéma coûtait sulement   d. J'ai aussi acheté du pop-corn
e. Normalement sa mère organise la fête   f. Je suis allée à la fête à pied
g. La fête a commencé à une heure et demie   h. La mère d'Isabelle n'aime pas la restauration rapide
i. Je lui ai acheté un bracelet de l'amitié   j. Sa mère lui a acheté une montre
k. La fête était géniale   l. Quand je suis arrivée chez moi
m. Je suis allée dans ma chambre

3. Complete the translation of paragraph 5

During the **party**, there was a lot to **eat** and to **drink**. Isabelle's mother doesn't like **fast food** but there was pizza, **French fries/chips** and **hamburgers**. As for **drinks**, there was everything: coke, **lemonade**, **fruit juice** and **water**. **During** the party, we had fun **telling jokes** and **playing games**. We also spent **one** hour **dancing** and **singing** karaoke.

4. True (T), False (F) or Not Mentioned (NM)?

a. T   b. T   c. F   d. T   e. T   f. F   g. T   h. F   i. F   j. T   k. T   l. NM   m. T

5. Complete the statements

a. Marie, many   b. After, eat, ice cream   c. Marie, Lorena   d. Marie, Andréa
e. Andréa, party, fell asleep

UNIT 10. Making plans for next weekend

TRANSCRIPTS

1. Fill in the blanks

a. Le week-end prochain, je voudrais aller à la pêche.
b. Samedi matin, je voudrais jouer à la PlayStation.
c. Ensuite, dimanche, je vais lire un livre.
d. Cependant, je voudrais aussi jouer du piano.
e. Je vais passer une heure à m'entraîner au gymnase.
f. Je pense que ce sera très divertissant.
g. Le week-end prochain, je voudrais voir mes amis.
h. Samedi après-midi, je voudrais sortir avec mes amis.

2. Dictation

a. Dimanche
b. Prochain
c. Je voudrais
d. Voir mes amis
e. Le matin
f. Jouer du piano
g. Jouer aux jeux vidéo
h. Promener le chien
i. Si j'ai le temps
j. Je pense que

3. Break the flow

a. Qu'est-ce que tu vas faire?
b. Le week-end prochain, je voudrais faire beaucoup de choses.
c. Samedi après-midi, je voudrais jouer à la PlayStation.
d. Ensuite, dimanche, je vais écouter de la musique.
e. Cependant, je dois aussi aider à la maison.
f. Si j'ai le temps, je vais aussi jouer du piano.
g. Je pense que ce sera très amusant.
h. Je vais passer une heure à m'entraîner au gymnase.

4. Spot the differences

Le week-end prochain, je voudrais aller au cinéma avec mes amies. Samedi matin, je voudrais jouer du piano. Ensuite, dimanche, je vais aller sur internet et faire mes devoirs. Cependant, je dois aussi promener le chien. Si j'ai le temps, je vais passer une heure à jouer de la guitare. Je pense que ce sera relaxant.

5. Complete the translations

a. Le week-end prochain, je voudrais passer du temps avec ma famille.
b. Samedi après-midi, je voudrais sortir avec mes amis.
c. Ensuite, dimanche, je vais regarder Instagram.
d. Cependant, je dois aussi faire mes devoirs de mathématiques.
e. Si j'ai le temps, je vais passer un moment à parler avec mon amie.
f. Je pense que ce sera très amusant et assez relaxant.
g. Qu'est-ce que tu vas faire le week-end prochain?
h. Le week-end prochain, je voudrais aller faire les magasins avec ma mère.

6. Faulty translation

e.g. Ensuite, dimanche, je vais parler avec mes amis.
a. Qu'est-ce que tu vas faire le week-end prochain?
b. Le week-end prochain, je voudrais aller au centre commercial avec ma famille.
c. Samedi matin, je voudrais sortir avec mes amis.
d. Si j'ai le temps, je voudrais passer une heure à jouer de la guitare.
e. Ensuite, dimanche, je vais jouer aux jeux vidéo avec mon frère.
f. Cependant, je dois aussi faire mes devoirs de français.
g. Je pense que ce sera très divertissant.

7. Listening slalom

a. Le week-end prochain, je voudrais aller à la pêche au lac avec ma famille.
b. Samedi après-midi, je voudrais sortir avec mes amis à quatre heures.
c. Ensuite, dimanche, je vais écouter de la musique dans ma chambre à huit heures.
d. Cependant, je dois aussi étudier pour un examen d'anglais à une heure.
e. Si j'ai le temps, je vais passer un moment à jouer de la guitare à trois heures.

8. Listen to Éric and answer the questions in English

Bonjour, comment ça va? Je m'appelle Éric et j'ai quatorze ans. Le week-end prochain, je voudrais faire beaucoup de choses. Samedi matin, je voudrais aller à la pêche avec mon père. L'après-midi, je voudrais jouer à la PlayStation dans ma chambre. Ensuite, dimanche matin, je vais lire un livre. Cependant, le matin je vais jouer du piano et l'après-midi, je dois étudier pour un examen de sciences. Si j'ai le temps, je vais passer une heure à m'entraîner au gymnase. Si je n'ai pas le temps, je vais m'entraîner lundi matin. Je pense que ce sera amusant.

ANSWERS

Unit 10. Making plans for next weekend: LISTENING

1. Fill in the blanks

a. Prochain   b. Jouer   c. Dimanche, lire   d. Piano   e. Gymnase   f. Sera, divertissant   g. Voir   h. Après-midi

2. Dictation

a. **D**imanche   b. **P**rochain   c. **J**e **v**oudrais   d. **V**oir mes amis   e. Le matin
f. **J**ouer du piano   g. **J**ouer aux jeux vidéo   h. **P**romener le chien   i. Si j'ai le temps
j. **J**e pense que

3. Break the flow

a. Qu'est-ce que tu vas faire?
b. Le week-end prochain, je voudrais faire beaucoup de choses
c. Samedi après-midi, je voudrais jouer à la PlayStation.   d. Ensuite, dimanche, je vais écouter de la musique
e. Cependant, je dois aider à la maison.   f. Si j'ai le temps, je vais aussi jouer du piano.
g. Je pense que ce sera très amusant.   h. Je vais passer une heure à m'entraîner au gymnase.

4. Spot the differences

Le week-end prochain, je voudrais aller **au cinéma** avec mes amies. **Samedi** matin, je voudrais jouer **du piano**. Ensuite, **dimanche**, je vais aller sur internet et **faire mes devoirs**. Cependant, je **dois** aussi promener **le** chien. Si j'ai le temps, je **vais** passer une heure à jouer **de la guitare**. Je pense que ce sera **relaxant**.

5. Complete the translations

a. Next **weekend**, I would like to **spend time** with my **family**.
b. On **Saturday** afternoon, I would like to **go out** with **my friends**.
c. **Later**, on **Sunday**, I am going to **look** at Instagram.
d. **However**, I **also** have to do my **maths** homework.
e. If I have **time**, I would like to **spend** a while **chatting** to my **friend**.
f. I **think** that it will be **very** fun and quite **relaxing**.
g. What **are** you **going** to do next **weekend**?
h. **Next** weekend, I **would** like to go **shopping** with my **mother**.

6. Faulty translation

a. What are you going to do next **weekend**?
b. Next weekend, I would like to go to the shopping mall with my **family**.
c. On Saturday **morning**, I would like to go out with my **friends**.
d. If I have time, I would like to spend **an hour** playing the **guitar**.
e. Then, on **Sunday**, I am going to play video games with **my** brother.
f. **However**, I also have to do my **French** homework.
g. I think that it will be **very entertaining**.

7. Listening slalom

a. Next weekend, I would like to go fishing with my family at the lake
b. On Saturday afternoon, I would like to go out with my friends at 4:00.
c. Later, on Sunday, I am going to listen to music in my bedroom at 8:00.
d. However, I also have to study for a Spanish exam at 1:00.
e. If I have time, I am going to spend an hour playing the guitar at 3:00.

8. Listen to Éric and answer the questions in English

a. 14   b. Many things   c. Go fishing with his dad   d. Play on the PlayStation in his room
e. Read a book / play the piano   f. Study for a science exam   g. Train one hour in the gym
h. On Monday morning   i. Fun

Unit 10. Making plans for next weekend: VOCAB BUILDING

1. Match

Dimanche – On Sunday   **Je voudrais** – I would like   **Je dois** – I have to
Passer du temps – To spend time   **Voir mes amis** – To see my friends   **Le matin** – In the morning
L'après-midi – In the afternoon   **Aussi** – Also   **Discuter avec** – To chat with
Cependant – However   **À la pêche** – Fishing   **Faire les magasins** – Shopping
Je vais – I am going to

2. Complete the chunks

a. **Je voudrais**   b. **Le matin**   c. **Ce sera relaxant**   d. **Promener le chien**   e. **Au stade**
f. **Je pense que**   g. **Lire un livre**   h. **Aider à la maison**   i. **Passer un moment**   j. **Sortir avec**
k. **Aller à la pêche**

3. Break the flow

a. Je voudrais aller faire les magasins   b. Dimanche, je vais jouer aux jeux vidéo.
c. Je dois aussi faire mes devoirs de sciences   d. Qu'est-ce que tu vas faire dimanche?
e. La semaine prochaine, je vais aller au cinéma.   f. Ensuite, je vais jouer à la PlayStation.
g. Je pense que ce sera très divertissant.   h. Cependant, je dois aussi étudier le français.

4. Complete with the missing words in the table below (2 words have no match)

a. Qu'est-ce que tu vas faire samedi **prochain**?   b. Dimanche prochain, je voudrais **aller** à la pêche.
c. La semaine prochaine, je vais passer une heure **à jouer** de la guitare   d. Dimanche, je vais **regarder**
Instagram.   e. Je voudrais faire beaucoup de **choses**.   f. Je voudrais **sortir** avec mes amis.
g. L'après-midi, je vais faire mes **devoirs** de mathématiques.   h. Je vais aussi faire une **promenade**.
i. Je **vais** aider à la maison.   j. Qu'est-ce que tu vas **faire** dimanche?

(Words with no match: kayak / étoile)

5. Spot and correct the 5 nonsense sentences

a. Je voudrais **aller** au cinéma.   b. Cependant, je **dois aussi** aider à la maison.
c. Je dois étudier pour un examen de **accept any school subject.**
d. Correct   e. Ensuite, je **vais aller** sur internet et regarder Instagram.
f. Correct
g. Ensuite je vais sortir avec **mes amis/amies (accept any other people)**

6. Sentence puzzle

a. Je voudrais sortir avec mes amis.   b. Dimanche, je vais lire un livre dans le salon.

c. Qu'est-ce que tu voudrais faire?   d. Je dois chercher des informations sur internet.

e. Je voudrais passer un moment avec ma cousine.   f. Si j'ai le temps, je vais lire un livre.

g. Je dois aussi faire mes devoirs de sciences.   h. Le week-end prochain, je vais aider mes parents.

i. L'après-midi, je vais jouer aux jeux vidéo.   j. Vendredi, je vais voir mon meilleur ami.

7. Gapped translation

a. What **are** you going to do **next** weekend?   b. Next weekend, I **would** like to **see** my friends.
c. What do you have **to do** in the **afternoon?**   d. **I think** it will be cool.
e. However, I would like to **help** my dad.   f. Then, I am going to **train** in the gym.
g. I **also** have to take out the dog to **the park.** h. I would like to **look** for information for my **homework.**
i. If I **have** time, I am going to **go** on the internet.

8. Translate into English

a. On Saturday afternoon, I would like to play the piano.
b. I also have to look for information on the internet for my homework.
c. If I have time, I am going to play on the PlayStation.
d. I would like to play football but I have to study.
e. I am going to play the guitar with my friend in the park.
f. On Sunday morning, I am going to go fishing.
g. Next week, I would like to go shopping at the shopping mall.
h. Friday evening, I am going to go out with my friends et we are going to go to the town centre.

9. Spot and correct the spelling & grammar mistakes

a. Je voudr**ais**   b. Le **week-end prochain**   c. **Dimanche** matin   d. Si ~~avoir~~ **j'ai** le temps
e. Je vais **m'**entraîner   f. À **Jouer de** la guitare   g. Les mathématiques   h. Écouter de **la musique** ~~music~~
i. Avec **mes** amis   j. Jou**er** à la PlayStation   k. Beaucoup **de** choses   l. Passer **un** moment

Unit 10. Making plans for next weekend: READING 1

1. Find the French equivalent in the text

a. Dans une petite maison   b. je m'entends bien avec   c. Il m'aide toujours
d. C'était génial   e. Je voudrais aller au cinéma   f. Samedi matin
g. Je pense que je vais faire   h. Je ne vais rien faire jusqu'à   i. Nous allons manger du poisson et du riz

2. Gapped sentences

a. Weekend / younger   b. Many things   c. Friends   d. Piano, has to   e. Sunday   f. 10:30
g. English exam   h. Intelligent   i. An hour, gym

3. Answer the questions below in French

a. À Orléans dans le centre de la France   b. Son père, sa belle-mère et ses sœurs
c. Elle a été à la fête d'anniversaire de sa sœur cadette   d. Aller au cinéma, faire une promenade au parc
e. Une pizza   f. Chez ses grands-parents

1. Find the French in Mélanie's text

a. À la campagne	b. Assez près d'une rivière
c. Il a onze ans	d. C'était l'anniversaire de mon cousin
e. J'ai passé un bon moment	f. J'ai mangé beaucoup de pizza
g. Je voudrais faire beaucoup de choses	h. Je voudrais aller au centre commercial
i. Je voudrais aussi dîner	j. Je voudrais jouer à la PlayStation
k. Je dois toujours faire mes devoirs	l. Je vais lire un livre
m. Je pense que ce sera relaxant	

2. Spot and correct the mistakes

a. J'habite dans une **grande maison**	b. J'habite avec **mon** père	c. Je voudrais **aller** au centre commercial
d. Dans **le** salon avec mon frère	e. Je dois **étudier**	f. Je **vais** lire un livre
g. Je ne **vais pas** faire grand-chose	h. Tous **les** dimanches	i. je **vais passer** une heure

3. Tick or cross

a, b, e, f, g, j, l, m, o (appear in the text)

Unit 10. Making plans for next weekend: READING & WRITING

1. Find someone who

a. Jonathan	b. Rodrigue	c. Martine	d. Gabrièle	e. Bernard	f. Gabrièle	g. Charles
h. Martine	i. Bernard	j. Estelle	k. Rodrigue	l. Léa	m. Rodrigue	

2. Complete with a suitable word

a. Any location   b. Any game   c. Any chore/compelled activity   d. Any school subject   e. Jouer
f. Any adjective used to describe an event   g. Examen   h. matin/après-midi/soir   i. Any person

3. Write an extension of the sentence said by each person on the left

Students' own answers.

Unit 10. Making plans for next weekend: WRITING

1. Complete the following sentences creatively

Students' own answers.

2. Tangled translation

a. Le **week-end** prochain, **je voudrais** aller **à la pêche** avec mon **grand-père** au **parc**.
b. **Samedi matin**, je voudrais **jouer aux jeux vidéo** dans ma **chambre**.
c. **Dimanche aprè-midi**, je voudrais **promener le chien**.
d. **Ensuite**, dimanche, je vais **passer** un moment **à discuter** avec mon ami
e. Je voudrais aussi **voir** mes **amis**.
f. Si j'ai le **temps**, **je voudrais passer** un **moment** à jouer de la **guitare. Je pense que** ce sera **amusant**.

3. Gapped translation

a. **V**endredi **p**rochain, je voud**r**ais aller au **c**iném**a**
b. **S**amedi **a**près-midi, je voud**r**ais **j**ouer du piano.

c. Le week-end **p**rochain, je **v**ou**d**rais **f**aire beau**coup** de **ch**oses.
d. **D**imanche **m**atin, je **v**ais **é**couter de la **m**usi**que** dans le **p**arc.

4. Translate into French

a. Le week-end prochain, je voudrais faire une promenade avec mes cousins.
b. Dimanche, je vais regarder Instagram si j'ai le temps.
c. L'après-midi, je voudrais passer un moment à jouer de la guitare avec mon père.
d. Je dois faire mes devoirs, cependant, après je vais faire les magasins.
e. Je pense que ce sera relaxant d'aller au parc pour faire une promenade.
f. Si j'ai le temps, je vais passer une heure à m'entraîner au gymnase. Je pense que ce sera fatigant, mais amusant.

TERM 2 – BRINGING IT ALL TOGETHER – 10

1. Answer the following questions in English

a. At 7:15   b. Very close to her house, a five-minute walk   c. A theme park
d. Had fun listening to music and singing songs   e. Animated   f. Popcorn   g. Ride her bike
h. English   i. Her brother   j. Quite tiring, very entertaining

2. Find the French equivalent in Tiana's text

a. Il y a beaucoup de choses à faire   b. D'habitude, je mange du pain   c. Je n'arrive jamais en retard
d. J'ai passé un bon moment e. Le trajet était assez long   f. Je voudrais aller au cinéma
g. La nourriture du cinéma est très chère   h. Je vais rentrer chez moi   i. Nous jouons souvent [...] dans le salon
j. Avant de sortir   k. Il me doit une faveur   l. Je pense que ce sera assez fatigant
m. Mais ce sera aussi très divertissant

3. Complete the translation of paragraph 5

Then, on **Sunday**, I am going to **get up** late and **listen** to music in my **bedroom** until **11:00**. I would also like to **spend** an hour **playing** the guitar but I have to **study** for an English **exam**. I love English but my **teacher** is quite **mean**. In the **evening**, I am going to have **dinner** with my **family** at my grandmother's **house**. We are going to eat **roast chicken** and salad but the best bit will be the **dessert**.

4. True (T), False (F) or Not Mentioned (NM)?

a. F   b. T   c. F   d. T   e. T   f. NM   g. T   h. T   i. T   j. F   k. T   l. F   m. T

5. Complete the statements

a. Shopping mall, 7:30   b. Julien, Michel   c. Julien, faces   d. Fundraise, have fun
e. Mountain, Italian restaurant

END OF TERM 2 – QUESTION SKILLS
TRANSCRIPTS & ANSWERS

1. Fill in the missing letters

a. À q**uelle** heure tu t'es le**vé** hier?
b. **Comment** es-tu all**é** au **collège**?
c. Qu'est-ce q**ue** tu a**s** fait a**près** le collège?
d. Qu'**est**-ce que t**u** as fait le week-end d**ernier**?
e. Qu'est-**ce** que tu as f**ait avant** de d**ormir**?
f. Q**uand** es-**tu** all**é au** cin**éma**?
g. Q**uel** film as-tu r**egardé**?
h. De q**uoi** p**arlait** l'hi**stoire**?

i. Tu as a**imé** le film? P**ourquoi**?
j. O**ù** était la f**ête** de t**on amie**?
k. Qu'**est-ce** que tu a**s** fait p**endant** la fête?
l. Qu'est-ce q**ue** tu as d**onné** à ton **amie**?
m. Qu'**est-ce** que tu **vas faire** le week-end p**rochain**?
n. Q**u'est-ce** que tu vas faire le diman**che**?
o. Qu'est-ce que tu **voudrais** faire s**amedi**?
p. Qu'est-ce que tu d**ois** faire à la m**aison**?

2. Choose the option that you hear

a. Je me suis levée à **six** heures.
b. Je suis allée au collège en **bus**.
c. Après le collège, je suis **sortie** avec un ami.
d. Je suis allée au **parc** avec mon amie.
e. J'ai **écouté** de la musique dans ma chambre.
f. Je suis allée au cinéma **dimanche** dernier.
g. J'ai vu un film d'**action**.
h. C'était une histoire de **super-héros**.
i. J'ai aimé **l'intrigue**.
j. Il a organisé la fête **chez lui**.
k. Nous nous sommes amusés **en dansant**.
l. Je lui ai offert **une montre**.
m. Je vais jouer de **la trompette.**
n. Dimanche, je vais jouer **au foot**.
o. Je voudrais **me reposer**.
p. Je dois **promener** le chien.

3. Listen and write in the missing information

a. Hier **matin**, je me suis **levée** à **sept** heures.
b. Je suis sortie de **chez moi** et je suis allée au **collège** en **bus**.
c. Après le collège, **j'ai rencontré** mes **amis** et **je suis allée** au centre commercial.
d. Je suis allée au **cinéma** avec mon **amie** et nous avons **vu** un film récent.
e. Avant de **dormir**, **j'ai écouté** un peu de **musique**.
f. Je suis allée au cinéma **vendredi** dernier. La **place de cinéma** coûtait **huit** euros.
g. **Nous avons vu** un film de **guerre**.
h. Le film **parlait** d'une **lutte** entre le **bien** et le **mal**.
i. Ce que j'ai aimé **le plus**, c'était comment l'histoire se **termine**.
j. Mon ami **a organisé** la fête dans un **restaurant** dans un centre **commercial**.
k. Nous avons passé une heure **à raconter** des blagues et **à écouter** de la musique.
l. Pour son anniversaire, je lui ai **donné** un **bon** d'**achat**.
m. Je voudrais **sortir** avec mes amis et **passer** un moment **à discuter** avec eux.
n. **Dimanche**, je vais aller sur **internet** et chercher des **informations** pour mes **devoirs**.
o. **Samedi**, je voudrais passer une heure **à m'entraîner** au **gymnase**.
p. Je dois **étudier** pour un examen de **mathématiques**. Quelle horreur!

THE LANGUAGE GYM

UNIT 11.

Saying what jobs people do, why they like/dislike them and where they work

TRANSCRIPTS

1. Multiple choice

a. Je m'appelle Nicolas et je suis acteur.

b. Je m'appelle Patricia et je suis écrivaine.

c. Je m'appelle Philippe et je suis cuisinier.

d. Je m'appelle Caroline et je suis médecin.

e. Je m'appelle Jean et je suis comptable.

f. Je m'appelle Véronique et je suis coiffeuse.

g. Je m'appelle Jules et je suis mécanicien.

h. Je m'appelle Robert et je suis infirmier.

i. Je m'appelle Mélanie et je suis professeure.

2. Listening for detail

a. Ma mère est actrice et elle adore cela.

b. Je m'appelle Sarah et je suis cuisinière.

c. Mon oncle s'appelle Paul et il est infirmier.

d. J'ai quatre-vingt-deux ans et je suis fermière.

e. Ma tante Émilie est coiffeuse.

f. Je suis avocate et j'adore cela.

g. Il travaille dans un atelier, mais il dit que c'est ennuyeux.

h. Elle adore son travail parce que c'est actif.

3. Spot the intruders

Je m'appelle Charles et je vais parler de ma famille. Dans ma famille, nous sommes trois: mon père, ma mère et moi. Mon père s'appelle Paul. Il a cinquante ans. Il est grand et un peu gros. Il est chauve. Il est sympa et travailleur. Il travaille comme comptable. Il aime cela parce que c'est un travail bien payé. Ma mère travaille comme coiffeuse. Elle adore cela parce que c'est actif et gratifiant. Moi, je voudrais travailler comme cuisinier et être célèbre comme Gordon Ramsay.

4. Spot the differences

Je m'appelle Joanna. Je suis de Biarritz. Ma personne préférée dans ma famille, c'est ma grand-mère. Elle est assez timide, mais très sympa. Ma grand-mère était comptable, mais maintenant, elle ne travaille plus. Je déteste mon oncle. Il est intelligent, mais très méchant. Mon oncle est professeur, mais il déteste son travail car c'est ennuyeux et stressant. Il travaille dans un collège à Biarritz. Chez moi, j'ai une tortue qui s'appelle Donatello. Elle est lente, mais très amusante, comme ma sœur Cassandra.

5. Listen and fill in the grid

a. Mon père est cuisinier.

b. Ma mère est avocate.

c. Mon frère aîné est écrivain.

d. Mon frère cadet est jardinier.

e. Ma sœur est femme d'affaires.

f. Ma meilleure amie est chanteuse.

g. Ma petite amie est médecin.

h. Mon grand-père est comptable.

6. Narrow listening

Je m'appelle Andréa. Dans ma famille, il y a cinq personnes. Mon père s'appelle Christian. Il est grand et beau. Il travaille comme policier. Il adore son travail, car c'est passionnant. Ma mère est comptable. Elle n'aime pas son travail, car c'est ennuyeux. Elle veut être infirmière car c'est gratifiant et elle est très serviable. Mes deux frères sont étudiants à l'université. Ils adorent ça car c'est amusant et intéressant. Je suis toujours étudiante en secondaire. Je déteste le collège car c'est ennuyeux et difficile.

7. Translate the sentences into English

a. Dans ma famille, il y a trois personnes: mes parents et moi.

b. Mes parents sont très sympas, mais stricts.

c. Mon père est maçon.

d. Il n'aime pas son travail car c'est fatigant.

e. Ma mère est serveuse dans un restaurant.

f. Elle aime son travail car c'est amusant.

g. Je ne travaille pas.

h. Je suis étudiant à l'université.

i. J'adore ça, car c'est intéressant.

8. Listen, spot and correct the errors

a. Je travaille à la campagne. b. Ma mère travaille comme cuisinière. c. Mon père est coiffeur.

d. Mes frères ne travaillent pas. e. Ma petite amie est actrice. f. Mon meilleur ami est pompier.

g. Ma cousine est médecin. h. Mes oncles sont fermiers.

9. Listen to Valérie and Fernand and answer the questions in English

<u>Part 1</u>

Salut, je m'appelle Valérie. Mon père est jardinier. Il adore son travail car il aime travailler dehors, en plein air. Ma mère est médecin dans un hôpital. Elle aime aussi son travail car c'est gratifiant et elle peut aider les gens. Dans le futur, je veux être professeure car je veux travailler avec des enfants et c'est un travail créatif.

<u>Part 2</u>

Salut, je m'appelle Fernand. Mon père est avocat et il n'aime pas son travail. Il dit que c'est ennuyeux et très répétitif. Ma mère est femme d'affaires. Elle aime assez son travail, mais c'est un peu difficile. Un jour, je veux être chanteur, car j'adore chanter et jouer de la guitare.

ANSWERS

UNIT 11. Saying what jobs people do: LISTENING

1. Multiple choice

a. Actor b. Writer c. Chef d. Doctor e. Accountant f. Hairdresser g. Mechanic h. Nurse i. Teacher

2. Listening for detail

a. F b. F c. M d. F e. F f. F g. M h. M

3. Spot the intruders

Je m'appelle Charles et ~~moi~~ je vais parler de ma famille. Dans ma famille, nous sommes ~~les~~ trois: mon père, ma mère et ~~puis~~ moi. Mon père s'appelle ~~Jean~~ Paul. Il a ~~est~~ cinquante ans. Il est ~~très~~ grand et un peu gros. Il est ~~complètement~~ chauve. Il est ~~assez~~ sympa et ~~pas~~ travailleur. Il travaille comme ~~un~~ comptable. Il aime ~~beaucoup~~ cela parce que c'est un travail ~~plutôt~~ bien payé. Ma mère travaille comme ~~la~~ coiffeuse. Elle adore cela parce que c'est ~~vraiment~~ actif et gratifiant. Moi, je voudrais ~~bien~~ travailler comme cuisinier et être célèbre comme ~~le~~ Gordon Ramsay.

4. Spot the differences

Je m'appelle Joanna. Je suis de **Biarritz**. Ma personne préférée dans ma famille, c'est ma **grand-mère**. Elle est assez **timide**, mais très sympa. Ma grand-mère était **comptable**, mais **maintenant**, elle ne travaille **plus**. Je déteste mon **oncle**. Il est intelligent, mais très **méchant**. Mon **oncle** est professeur, mais il déteste son travail car c'est **ennuyeux** et stressant. Il travaille dans un **collège** à Biarritz. Chez **moi**, j'ai une **tortue** qui s'appelle Donatello. Elle est **lente**, mais très amusante, comme ma **sœur** Cassandra.

5. Listen and fill in the grid

a. My father is a chef. b. My mother is a lawyer. c. My older brother is a writer.
d. My younger brother is a gardener. e. My sister is a businesswoman. f. My best friend is a singer.
g. My girlfriend is a doctor. h. My grandfather is an accountant.

6. Narrow listening

My name is **Andrea**. In my family there are **five** people. My **father** is called Cristián. He is tall and **handsome**. He works as a **policeman**. He loves his job because it is **exciting**. My mother is an **accountant**. She does not **like** her job because it is **boring**. She wants to be a **nurse** because it is **rewarding** and she is very **helpful**. My two **brothers** are students at **university**. They love it because it is **fun** and **interesting**. I am still a **student** in a secondary school. I hate school because it is **boring** and **difficult**.

7. Translate the sentences into English

a. In my family, there are 3 people: my parents and me.   b. My parents are very kind but strict.
c. My father is a labourer.   d. He does not like his work because it is tiring.
e. My mother is a waitress in a restaurant.   f. She likes her work because it is fun.   g. I do not work.
h. I am a student at university.   i. I love it because it is interesting.

8. Listen, spot and correct the errors

a. Je travaille à la campagne.   b. Ma mère travaille comme cuisinière.   c. Mon père **est** coiffeur.
d. Mes frères ne travaillent p**as**.   e. Ma petite amie est ac**trice**.   f. Mon meilleur ami est pomp**ier**.
g. Ma cousin**e** est médecin.   h. Mes oncles **sont** fermiers.

9. Listen to the conversations and answer the questions in English

<u>Conversation 1</u>

a. Gardener   b. Loves it, likes working outside/fresh air   c. Doctor
d. She likes it, it's rewarding, she can help people   e. Teacher, work with kids, it's a creative job

<u>Conversation 2</u>

a. Lawyer   b. Doesn't like it, boring, repetitive   c. Businesswoman   d. She quite likes it, it's a bit difficult
e. Singer, likes singing and playing the guitar

UNIT 11. Saying what jobs people do: VOCAB BUILDING 1

1. Complete with the missing word

a. Mon père est **avocat**.
b. Ma tante est **coiffeuse.**
c. Mon frère **cadet**.
d. Il travaille comme **mécanicien**.
e. Ma mère est **médecin**.
f. Ma sœur **aînée**
g. Elle travaille comme **ingénieure**.
h. Mon oncle est **comptable**.
i. Mon **cousin** est **fermier**.

2. Match

Ennuyeux – Boring
C'est actif – It's active
C'est difficile – It's difficult
C'est amusant – It's fun
C'est motivant – It's motivating
C'est stressant – It's stressful
C'est facile – It's easy
C'est gratifiant – It's rewarding
Intéressant – Interesting

3. Translate into English

a. My mother is a mechanic.   b. She likes her job.   c. She works in a garage.
d. My brother is an accountant.   e. He doesn't like his job.   f. My cousin *(m)* is a hairdresser.
g. He loves his job.   h. Because it is fun.

4. Add the missing letter

a. C'est facile b. Il aime cela c. Ingénieure d. Médecin e. C'est stressant f. Elle travaille g. Elle est infirmière h. Mon oncle

5. Anagrams

a. Fermier b. Avocat c. Médecin d. Acteur e. Actrice f. Comptable g. Coiffeur h. Femme au foyer

6. Broken words

a. Il est homme au foyer b. Il aime son métier   c. Mon frère est fermier   d. Il/elle travaille
e. Dans la campagne.   f. Il déteste son métier   g. Parce que c'est actif   h. C'est très gratifiant
i. Ma mère est avocate

7. Complete with a suitable word

a. Ma mère est **avocate/infirmière.**

b. Elle **aime/adore** son métier.

c. Elle aime cela car c'est **intéressant.**

d. Elle travaille dans un **collège.**

e. Mon **cousin/frère** est coiffeur.

f. Il **n'aime** pas son métier.

g. Parce que c'est **ennuyeux.**

h. **Ma** tante est médecin.

i. Elle aime son **métier.**

j. Mon oncle est mécanicien, il travaille dans un **garage.**

Unit 11. Saying what jobs people do: VOCAB BUILDING 2

1. Circle the correct translation

a. **Facile** – Easy   b. **Atelier** – Workshop   c. **Entreprise** – Company   d. **Ferme** – Farm   e. **Collège** – School
f. **Ville** – City   g. **Stessant** – Stressful   h. **Avocat** – Lawyer   i. **Ennuyeux** – Boring

2. Match

Infirmier/ère – Nurse   **Cuisinier/ère**– Chef   **Comptable** – Accountant   **Coiffeur/euse** – Hairdresser
Fermier/ère – Farmer   **Actrice** – Actress   **Avocat(e)** – Lawyer   **Médecin** – Doctor   **Écrivain(e)**– Writer

3. Spot and add the missing word

a. Est-ce qu'ils **aiment** leur métier?   b. Quel métier **fait** ton père?   c. Parce que **c'est** amusant
d. Elle travaille **dans** un collège   e. Ma tante est **femme** d'affaires   f. Il n'aime **pas** cela
g. Il **dit** qu'il aime cela   h. Elle **travaille** dans un hôtel   i. Mon oncle **est** cuisinier
j. Il travaille dans **la** ville

4. Sentence puzzle

a. Mon père est avocat et il travaille dans un bureau.   b. Mon oncle est cuisinier et il travaille dans un hôtel.
c. Ma sœur est médecin, elle travaille dans un hôpital.   d. Ma mère est actrice et travaille dans un théâtre.
e. Ma tante est mécanicienne dans un garage.

5. Tangled translations

a. **Ma** sœur **est cuisinière** dans un **restaurant.**   b. Ma **tante dit** qu'elle aime **beaucoup** cela.
c. Il **travaille** dans un **collège** dans **la** campagne.   d. Il dit qu'**il aime cela** parce que c'est **gratifiant.**
e. Quel **métier fait** ton père?   f. Ma **mère** est femme d'**affaires** et **elle adore cela.**
g. Elle adore cela **parce que** c'est **motivant.**   h. Mon oncle est **fermier** dans la **campagne.**
i. Il **dit** qu'il aime cela car **c'est facile.**   j. **Mon frère** est **infirmier** parce que c'est **intéressant.**

6. Complete with suitable words

Students' own answers.

UNIT 11. Saying what jobs people do: READING 1

1. Find the French for the following in Philippe's text

a. J'ai vingt ans   b. J'ai un chien   c. Ma mère travaille comme   d. Médecin   e. En ville
f. Elle aime son travail   g. C'est gratifiant   h. Il adore son travail   i. Parfois

2. Answer the questions on ALL texts

a. Mariana's cousin   b. Camille's   c. Sam   d. Philippe   e. Sébastien   f. Camille

3. Answer the following questions about Sam's text

a. Nice   b. His mother   c. She is an engineer, but she is not currently working
d. Because he is very mean   e. He hates children

4. Fill in the blanks

Je m'**appelle** Mariana. J'ai treize a**ns** et je v**is** à Biscarosse. Dans ma **famille** il y a cinq personnes. Mon cousin Christophe e**st** très bavard et aimable, il trente ans. Christophe est p**rofesseur** et il travaille dans un **collège**. Il habite à Berlin en Allemagne. Il aime son **travail**, car c'est int**éressant** et gra**tifiant**. Chez moi, j'**ai** un animal qui s'**appelle** Tara. C'est une ara**ignée** : une mygale !

5. Fill in the table below

Name	Mariana	Christophe
Age	13	30
City	Biscarosse	Berlin
Pets/job	Spider	Teacher
Opinion of job	N/A	Interesting and rewarding

UNIT 11. Saying what jobs people do: READING 2

1. Find the French in Tristan's text

a. Très jolie et confortable   b. Il y a un très grand jardin tropical   c. Il a trente-sept ans
d. Il dit qu'il aime bien son métier   e. Même si cela peut être difficile   f. Je m'entends bien avec elle
g. Elle voudrait être   h. Elle veut être avocate   i. Comme cuisinière à temps partiel
j. Mais cela peut être stressant   k. Je pense que c'est   l. Dans son atelier
m. Ce week-end, je dois nettoyer

2. Spot and correct the mistakes

a. Mon **frère cadet**   b. Il travaille comme **mécanicien**   c. Il dit **qu'**il aime son métier
d. Elle voudrait **être professeure**   e. Elle **veut** être avocate   f. Elle travaille dans un **restaurant tahitien**
g. Je pense **que** c'est un métier intéressant   h. Avec mon père dans **son** atelier   i. Je **dois nettoyer** l'atelier

3. Tick or cross

b, c, e, h, i, j, k, o (appear in the text)

UNIT 11. Saying what jobs people do: READING & WRITING

1. Find someone who

a. Charles   b. Michel   c. Lucie   d. Julien   e. Patricia   f. Alexandre   g. Charles   h. Cédric
i. Daniel   j. Alexandre   k. Patricia/Daniel   l. Julien   m. Michel

2. Complete with a suitable word

a. Any masculine job   b. Any feminine family member   c. aime   d. Any negative adjective
e. Any feminine workplace   f. Any job that can be done in a hospital   g. Any positive adjective
h. Travaille   i. Campagne

3. Write an extension of the sentence said by each person on the left

Students' own answers.

UNIT 11. Saying what jobs people do: TRANSLATION

1. Faulty translation

a. My father works as an ~~cook~~ **actor** and he likes his job because it is ~~interesting~~ **moving**. He works in a ~~school~~ **theatre**.
b. My aunt works as a businesswoman in ~~a hair salon~~ **an office**. She ~~hates~~ **likes** it but it's hard.
c. My ~~enemy~~ **friend** Frank works as a nurse. He ~~lives~~ **works** in a hospital and likes his work.
d. My uncle Jean-François is a ~~lawyer~~ **chef** in an Italian ~~restroom~~ **restaurant** and he ~~likes~~ **loves** it.
e. My mother Angèle is an ~~actress~~ **accountant** and she works in an office. She ~~loves~~ **hates** her work because it is boring and repetitive.

2. Translate into English

a. My uncle works as a
b. My father doesn't work
c. Househusband
d. Nurse
e. Hairdresser
f. Mechanic
g. She loves her work
h. He works in an office
i. She works in a theatre
j. He works in a garage
k. It is rewarding
l. It's hard, but fun
m. He works as a lawyer

3. Phrase-level translation

a. Mon frère aîné   b. Travaille comme   c. Un fermier   d. Il aime   e. Son métier   f. Parce que c'est actif
g. Et amusant

4. Sentence-level translation

a. Mon frère est mécanicien.   b. Mon père est homme d'affaires.
c. Mon oncle est fermier et il déteste son métier.   d. Mon frère Darren travaille dans un restaurant.
e. À la maison, j'ai un serpent qui s'appelle Serpentine.   f. À la maison, j'ai un chien sympa et un chat méchant.
g. Ma tante est une infirmière. Elle aime son travail...   h. ...parce que c'est gratifiant.
i. Ma tante travaille dans un hôpital.

UNIT 11. Saying what jobs people do: WRITING

1. Split sentences

Mon frère est **écrivain.**
Ma tante est **professeure.**
Mon cousin travaille **comme avocat.**
Il aime **son travail.**
Car c'est **motivant.**
Elle travaille **dans un restaurant.**
Il travaille dans une **entreprise.**

2. Rewrite the sentences in the correct orde

a. Elle aime beaucoup son métier.
b. Elle travaille comme comptable dans un bureau.
c. Il est homme au foyer et il aime cela.
d. Mon oncle travaille comme fermier.
e. Mon frère travaille dans un théâtre.
f. Mon grand-père déteste son métier.
g. Mon ami est médecin et travaille dans un hôpital.

3. Spot and correct the grammar and spelling

a. Ma mère est **femme** au foyer.   b. C'est **un** travail difficile et ennuyeux.
c. Ma sœur travaille comme **coiffeuse.**
d. Elle déteste son travail car c'est **dur** et répétitif.   e. Elle travaille dans **un** hôpital en ville.
f. Elle aime beaucoup son travail car c'est **facile.**   g. Mon **père** déteste son travail.
h. Il aime son travail car c'est **gratifiant.**

4. Anagrams

a. Médecin   b. Gratifiant   c. Répétitif   d. Il aime   e. Ferme   f. Restaurant   g. Professeur

5. Guided writing
George: Je m'appelle George. Mon père est mécanicien. Il adore son métier car c'est actif et intéressant.
Lucien: Je m'appelle Lucien. Mon frère est avocat. Il déteste son métier car c'est ennuyeux et répétitif.
Martine: Je m'appelle Martine. Ma tante est fermière. Elle aime son métier car c'est dur, mais amusant.

6. Describe this person in French in the 3rd person:

Elle s'appelle Madeleine. Elle a les cheveux blonds et les yeux verts. Elle est grande et mince. Elle est travailleuse. Elle est infirmière. Elle aime beaucoup son métier car c'est intéressant et gratifiant.

TERM 3 – BRINGING IT ALL TOGETHER – 11

1. Answer the following questions in English

a. In the historic centre   b. Views of the la Place du Palais des Papes, le célèbre Pont d'Avignon et les jardins pontificaux c. Celebrated her best friend's birthday   d. The main actor   e. Go shopping with her mother
f. Go fishing with her father   g. When her parents are working   h. He is a businessman
i. She is a hairdresser   j. Play on the PlayStation with her brother

2. Find the French equivalent in Rachel's text

a. Combine la richesse historique avec
c. Le week-end dernier, c'était
e. Après, nous avons regardé un film d'horreur
g. Quand nous allons au centre commercial ensemble
i. Il doit voyager en train à Lyon
k. Mais elle dit que cela peut être difficile
m. Avec mon frère aîné

b. Depuis mon appartement, on peut voir
d. Nous nous sommes amusés en racontant des blagues
f. Je voudrais faire beaucoup de choses
h. D'habitude, nous y allons en bus
j. Elle doit souvent travailler le samedi
l. On verra s'ils sont occupés ou pas

3. Complete the translation of paragraph 4

My **father** is a **businessman,** and he works in an **office** in the centre of Lyon. Every **day** he **has** to travel by train to Lyon and the **journey** lasts an **hour** and a **half**. He says that usually **during** the journey he **listens** to music or watches a film on his **tablet**. He says that he loves his job because it is motivating, but it can **also** be **stressful**.

4. True (T), False (F) or Not Mentioned (NM)?

a. T   b. F   c. NM   d. T   e. T   f. F   g. T   h. F   i. F   j. T   k. NM   l. T   m. NM

5. Complete the statements

a. Motivating, rewarding, difficult   b. Suit, briefcase   c. Father, spy   d. Veronique   e. Mother

UNIT 12. My dreams and aspirations: my life plans

TRANSCRIPTS

1. Dictation

a. Quand je serai plus âgé   b. Je vais étudier   c. Architecture   d. Je veux être artiste
e. Pour être maçon   f. Vivre à New York   g. Aider les gens   h. Gagner beaucoup d'argent
i. Une personne célèbre   j. Il est travailleur

2. Listen and fill in the gaps

a. Dans le futur, je vais étudier le droit à l'université.   b. Plus tard, je veux être avocat.
c. Je crois que je vais faire une formation pour être plombier.   d. Dans dix ans, je voudrais vivre à la campagne.
e. Pour moi, le plus important dans la vie est d'être célèbre.   f. Plus tard, je veux être ingénieur.
g. Une personne célèbre qui m'inspire est Kylian Mbappé parce qu'il est travailleur.
h. Une personne célèbre qui m'inspire est Taylor Swift parce qu'elle est talentueuse.
i. Je crois que je vais faire une formation pour être artisan.

3. Break the flow

a. Dans le futur, je vais étudier l'architecture.   b. Plus tard, je veux être scientifique ou médecin.
c. Le plus important dans la vie est d'être célèbre.   d. Je vais faire une formation pour être maçon.
e. Lionel Messi m'inspire car il est talentueux.   f. Plus tard, je voudrais vivre à la campagne.
g. Je vais faire une formation pour être électricien.   h. Quand je serai plus âgé, je vais étudier la médecine.
i. Plus tard, je voudrais vivre à New York.

4. Multiple choice

e.g. Je voudrais vivre dans une grande ville avec mon frère.
a. Quand je serai plus âgé, je vais étudier le droit à l'université.   b. Plus tard, je veux être écrivain.
c. Je crois que je vais faire une formation pour être maçon.   d. Dans dix ans, je voudrais vivre au Japon.
e. Pour moi, le plus important dans la vie est d'être heureux.   f. Plus tard, je veux être acteur.
g. Une personne célèbre qui m'inspire est Kylian Mbappé parce qu'il est talentueux.
h. Que vas-tu étudier l'année prochaine?

5. Faulty translation

e.g. Je crois que je vais faire une formation pour être électricienne.
a. Dans le futur, je vais étudier les langues à l'université.   b. Plus tard, je veux être scientifique.
c. Je crois que je vais faire une formation pour être artisan.   d. Dans dix ans, je voudrais vivre à New York.
e. Que vas-tu étudier l'année prochaine?   f. Quel métier voudrais-tu avoir dans le futur?
g. Pour moi, le plus important dans la vie est d'apprendre beaucoup de choses.

6. Listening slalom

a. Dans le futur, je vais étudier l'architecture à l'université.
b. Plus tard, je veux être informaticienne ou professeure.
c. Je crois que je vais faire une formation pour être plombier.
d. Dans dix ans, je voudrais vivre dans une grande ville avec ma sœur.
e. Quand je serai plus âgée, je crois que je ne vais pas étudier la médecine.

7. Narrow listening

Bonjour, je m'appelle Viviane et je suis de Bayonne. J'ai dix-sept ans et j'adore étudier. Dans le futur, je vais étudier le droit à l'université. Plus tard, je veux être avocate. Cependant, je voudrais aussi être écrivaine. Je ne veux pas faire une formation pour être maçon. Dans dix ans, je voudrais vivre dans une grande ville comme New York. Pour moi, le plus important dans la vie est d'aider les gens, pas de gagner beaucoup d'argent. Une personne célèbre qui m'inspire est Kylian Mbappé. Il est un des meilleurs joueurs de foot au monde.

8. Listen to Karine and answer the questions in English

Bonjour, je m'appelle Karine et je suis française. J'ai dix-sept ans. Dans le futur, je vais étudier l'architecture à l'université. Plus tard, je veux être architecte ou ingénieure. Je ne veux pas faire une formation pour être plombier. Dans dix ans, je voudrais vivre en Chine ou au Japon. Pour moi, le plus important dans la vie est d'être heureuse, pas d'être célèbre. Cependant, une personne célèbre qui m'inspire est Taylor Swift parce qu'elle est travailleuse.

ANSWERS

Unit 12. My dreams and aspirations: LISTENING

1. Dictation

a. **Q**uand je **s**erai **plus** âgé   b. Je v**ais** étudier   c. **A**rchitecture   d. Je v**eux** être **a**rtiste
e. **P**our **ê**tre m**açon**   f. **V**ivre à **N**ew **Y**ork   g. **A**ider **les** gens   h. **G**agner beaucoup d'a**rgent**
i. **U**ne p**ersonne** c**élèbre**   j. **I**l **e**st **t**ravailleur

2. Listen and fill in the gaps

a. Dans le **futur**, je vais **étudier** le **droit** à l'université.   b. Plus **tard**, je **veux** être **avocat**.
c. Je **crois** que je vais **faire** une formation **pour** être **plombier**.   d. Dans **dix** ans, je voudrais **vivre** à la **campagne**.   e. Pour **moi**, le plus **important** dans la **vie** est d'être **célèbre**.   f. **Plus** tard, **je** veux être **ingénieur**.   g. Une **personne** célèbre qui m'**inspire** est Kylian Mbappé parce qu'il est **travailleur**.
h. Une personne célèbre **qui** m'inspire **est** Taylor Swift parce qu'elle est **talentueuse**.
i. Je crois **que** je **vais** faire une **formation** pour être **artisan**.

3. Break the flow

a. Dans le futur, je vais étudier l'architecture.   b. Plus tard, je veux être scientifique ou médecin.
c. Le plus important dans la vie est d'être célèbre.   d. Je vais faire une formation pour être maçon.
e. Lionel Messi m'inspire car il est talentueux.   f. Plus tard, je voudrais vivre à la campagne.
g. Je vais faire une formation pour être électricien.   h. Quand je serai plus âgé, je vais étudier la médecine.
i. Plus tard, je voudrais vivre à New York.

4. Multiple choice

a. Futur   b. Professeur   c. Étudier   d. Ensuite   e. Avis   f. Avoir   g. Beaucoup   h. Être

5. Faulty translation

a. In the future, I am going to study **languages** at university.   b. Later, I want to be a **scientist**.
c. I **believe** that I am going to train to be a tradesperson.
d. **In ten years**, I would like to live in New York.   e. What are you going **to study** next year?
f. What **job** would you like to have in the future?
g. For me, the most important thing in life is **to learn many things**.

6. Listening slalom

a. In the future, I am going to study architecture at university.
b. Later, I want to be an IT technician or a teacher.
c. I believe that I am going to train to be a plumber.
d. In ten years, I would like to live in a big city with my sister.
e. When I am older, I believe that I am not going to study medicine.

7. Narrow listening

Hello, my **name** is Viviane and I am **from** Bayonne. I am **17** years old and I **love** to study. In the **future**, I am going to study **law** at **university**. Later, I **want** to be a **lawyer**. However, I would also like to be a **writer**. I don't want to **train** to be a **builder**. In ten years, I would like to **live** in a **big city** like New York. For me, the **most** important thing in life is to **help** people, not to **earn** a lot of **money**. A **famous** person that **inspires** me is Kylian Mbappé. **He** is one of the best footballers in the **world**.

8. Listen to Karima and answer the questions in English

a. 17   b. Architecture   c. An architect or an engineer   d. Be a plumber   e. China or Japan
f. To be happy   g. To be famous   h. Taylor Swift, because she is hardworking

Unit 12. My dreams and aspirations: VOCAB BUILDING

1. Match

Je vais étudier – I am going to study
Les langues – Languages
Scientifique – A scientist
Maçon – A builder
La campagne – The countryside
Aider les gens – To help people

Informatique – IT
Je veux être – I want to be
Écrivain – A writer
Je crois que – I believe that
Être heureux – To be happy
Il est talentueux – He is talented

2. Missing letters

a. Je vais étudier le droit à l'université.
b. Plus tard, je veux être avocat.
c. Quand je serai plus âgé, je veux être artiste.
d. Je vais faire une formation pour être plombier.
e. Dans dix ans, je voudrais vivre au Japon.
f. Je veux être médecin et gagner beaucoup d'argent.
g. Le plus important dans la vie est d'être heureux.
h. Je veux apprendre beaucoup de choses.
i. Je crois que je voudrais aider les gens.
j. Dans dix ans, je voudrais travailler à la campagne.
k. Une personne qui m'inpire est ma mère.

3. Faulty translation

a. I am going to **study** IT.
b. I want to study **law** at university.
c. When I am **older,** I would like to be an **engineer**.
d. I am going to train as **a builder**.
e. I would like to live in a **big** city.
f. The most important thing is to learn **many things**.

4. Spot and add in the missing word

a. Dans **le** futur, je vais étudier l'architecture.
b. Je vais étudier **les** langues.
c. Je voudrais vivre **au** Japon.
d. Je crois que je voudrais **être** écrivain.
e. Le plus **important**, c'est d'être heureux.
f. Plus tard, je voudrais vivre à **la** campagne.
g. Dans le futur, je vais étudier **à** l'université.
h. dans dix ans, je **voudrais** être scientifique.
i. Que vas-tu étudier **l'**année prochaine?

5. Sentence puzzle

a. Dans le futur, je vais étudier la médecine.
b. Quand je serai plus âgé, je veux être avocat.
c. Taylor Swift m'inspire car elle est talentueuse.
d. Je voudrais faire une formation pour être maçon.
e. Je crois que je veux étudier les langues.
f. Où voudrais-tu travailler?
g. Dans le futur, je veux être YouTubeur à New York.
h. Je voudrais aider les gens.
i. Quand je serai plus âgée, je veux être célèbre.

6. Complete with the options below

a. Je veux **étudier** pour être ingénieure
b. Le plus important, c'est d'**apprendre**.
c. Serena Williams m'**inspire**…
d. **parce qu'**elle est travailleuse.
e. Dans le **futur**, je voudrais être acteur.
f. Je veux **gagner** beaucoup d'argent.
g. Le plus important **c'est** d'aider les gens.
h. L'année **prochaine**, je vais étudier le droit.
i. Je veux faire une **formation** de plombier.
j. Quand je **serai** plus âgé, je veux aller à l'université
k. Je **crois** que je voudrais vivre dans une grande ville.   (word with no match: bûcheron)

7. Multiple choice

a. Je m'habille   b. Je me couche   c. Plus tard   d. Dans dix ans   e. Je veux être   f. Je voudrais être   g. Je travaille comme   h. Gagner de l'argent   i. L'après-midi   j. À la campagne

8. Spot and correct the spelling & grammar mistakes

a. Je crois **que**   b. Je **vais** faire une formation.   c. Aider les **gens**-   d. Car elle est **talentueuse**
e. Je voudrais **vivre**   f. Je vais **étudier**   g. Quand je **serai** plus âgé   h. À l'**université**
i. Gagner **beaucoup** d'argent   j. Un**e** grand**e** ville

Unit 12. My dreams and aspirations: READING 1

1. Find the French equivalent in the texts

a. Je veux être informaticien
b. je veux dessiner de beaux bâtiments
c. Et de gagner assez d'argent
d. Être célèbre n'est pas important pour moi
e. Comme ma mère
f. Dans une grande ville à l'étranger
g. Mon ambition est de créer une nouvelle application

2. Find someone who...

a. Daniela   b. Mike   c. Soo How   d. Mike   e. Soo How   f. Mike   g. Daniela

3. Correct the mistakes

a. Dans le futur, Soo How veut créer une application pour **aider les personnes handicapées**.
b. Daniela veut être avocate comme **sa mère**.
c. Daniela admire Malala parce qu'elle est **charismatique et lutte pour les droits des personnes vulnérables**.
d. Pour Mike, le plus important dans la vie c'est **de gagner beaucoup d'argent**.
e. Soo How veut vivre **en Californie ou à New York**.
f. Daniela voudrait vivre à **Tokyo** quand elle sera plus âgée.

Unit 12. My dreams and aspirations: READING 2

1. Find the French in Éric's text

a. Un petit village   b. Dans le sud de la France   c. Depuis que je suis petit   d. En moyenne
e. Je veux aussi explorer   f. Quand je serai plus âgé   g. Je voudrais jouer   h. Dans un groupe
i. D'autres musiciens talentueux   j. À chaque coin de rue   k. Il m'a toujours inspiré
l. Histoires de voyages   m. Autour du monde

2. Spot and correct the mistakes

a. La musique est **ma** passion   b. Je m'**appelle** Éric   c. Je suis **de** Roubion
d. Célèbre pour sa **richesse musicale**   e. Dans le sud de **la** France   f. Ensuite, j'ai appris à jouer **du** piano
g. La musique est **à** chaque coin de rue   h. Je veux aussi explorer de nouveaux styles **musicaux**
i. J'ai toujours **aimé** jouer de la guitare

3. Tick or cross

a, c, h, k, l, n, o (appear in the text)

Unit 12. My dreams and aspirations: READING & WRITING

1. Find someone who

a. François   b. Romain   c. Xavier   d. Sébastien   e. Martine   f. Juliette, Yves
g. Béatrice   h. Léa   i. Claudia   j. François   k. Yves   l. Martine

2. Complete with a suitable word

a. Any university course   b. Any job   c. Veux/voudrais   d. Célèbre/heureux   e. Anyone inspirational
f. Vivre   g. Faire   h. Étudier   i. Any location

3. Write an extension of the sentence said by each person on the left

Students' own answers.

Unit 12. My dreams and aspirations: WRITING

1. Complete the following sentences creatively

Students' own answers.

2. Tangled translation

a. Plus tard, je veux être **avocat** et vivre dans la **campagne**.
b. **Plus tard**, je crois que **je voudrais** faire une formation d'**électricien**.
c. **Quel** métier voudrais-tu **avoir** quand ru seras **plus vieux**?
d. **Je crois que** je vais étudier **à l'université**.
e. Une personne **connue qui** m'inspire **est** David Beckham.
f. Il m'inspire parce que **le plus important** dans la vie est **d'aider** les **gens**.
g. Pour **moi**, le plus important **dans la vie** est **d'être** heureux.
h. Je crois que **je veux être** scientifique.
i. **Que** vas-tu **étudier** l'**année** prochaine?

3. Spot and correct the (many) mistakes

a. Pour **toi**, qu'est-ce qui est le plus important dans la vie?
b. Quand je **serai** plus âgé, je veux **être** artiste. Je ne **veux** pas étudier la **médecine**.
c. Dans le **futur**, je vais étudi**er** la **médecine** à l'université.
d. . Je crois **que** je veux être **artisan** et vivre à la **montagne**.
e. Pour **moi**, le plus important **dans** la vie est d'être **célèbre**.
f. Je crois **que** Taylor Swift **est très** travailleuse et **talentueuse**.
g. Lionel Messi est une **personne** qui **m'**inspire.

4. Answer the following questions in French.

Students' own answers.

TERM 3 – BRINGING IT ALL TOGETHER – 12

1. Answer the following questions in English

a. Quite near to the city centre   b. 6   c. Go to the clothes and food market   d. English homework
e. They are the tastiest in the world   f. She is a nurse   g. He is a builder   h. Architecture   i. Helping people
j. Because he is talented and very hard-working

2. Find the French equivalent in Jules' text

a. Mon appartement est assez grand   b. Ma demi-sœur   c. Tous les samedis
d. Quand j'ai le temps   e. Je veux acheter des vêtements neufs   f. À mon avis
g. Je crois que c'est assez stressant   h. Il dit qu'il adore son métier   i. Il travaille dans des endroits variés
j. Quand je serai plus âgé   k. Je sais aussi qu'   l. Une personne qui m'inspire est
m. Il a travaillé dur

3. Complete the translation of paragraph 5

In the **future**, I am **going** to study **architecture** at university because I love art and I **like** drawing a lot. When I am **older**, I **want** to be an architect, but I **would** also like to be an **artist**. **However**, I also believe that I would like to be a **builder** like my **father**. Later on, I would like to **live** in New York for the hustle and bustle of the **city**, but I would **also** like to live in the **countryside** for the **peace** and influence of nature.

4. True (T), False (F) or Not Mentioned (NM)?

a. F   b. NM   c. T   d. F   e. T   f. F   g. T   h. F   i. T   j. F   k. T   l. T   m. F

5. Complete the statements

a. Richard, Lucie, her   b. Richard, Lucie c. Lucie, Richard, her   d. Father, a lot   e. Lucie, see

TERM 3 – MIDPOINT RETRIEVAL – PRACTICE

1. Answer the following questions in Spanish

Students' own answers.

2. Write a paragraph in the first person singular (I) providing the following details

Students' own answers (answers below provided for reference).

a. Je m'appelle Julien. J'ai 17 dix-sept ans j'habite avec mes parents et mes sœurs
b. Mon père est artiste. Il aime son travail.
c. Ma mère est médecin. Elle adore son travail, mais cela peut être stressant.
d. Mon père est homme au foyer et ma mère travaille à l'hôpital dans le centre-ville
e L'année prochaine, je vais étudier le droit.
f. Je voudrais être avocat, mais je voudrais aussi être plombier.
g. Pour moi, le plus important dans la vie est d'être heureux, pas célèbre.
h. Une personne célèbre qui m'inspire est Shakira parce qu'elle parle plusieurs langues.

3. Write a paragraph in the third person singular (he/she) about a friend or a family member.

Students' own answers (answers below provided for reference).

a. Mon meilleur ami s'appelle Serge, il a dix-sept ans et vient de Valenciennes.
b. Son père est ouvrier et sa mère est coiffeuse.
c. Son père aime son travail car il est gratifiant. Sa mère dit qu'elle aime son travail, mais elle dit aussi qu'il peut être fatigant.
d. Serge va étudier l'architecture à l'université l'année prochaine.
e. Quand il sera grand, il veut être architecte.
f. Pour lui, le plus important dans la vie est d'apprendre beaucoup de choses et d'aider les gens.

UNIT 13. Talking about celebrities and role models: their journey to success

TRANSCRIPTS

1. Multiple choice

e.g. Une personne célèbre qui m'inspire est Ariana Grande.
a. Elle a commencé sa carrière très jeune.
b. Au début de sa carrière, elle a dû croire en elle-même.
c. Elle a reçu le soutien de sa famille pendant les moments difficiles.
d. Grâce à son courage…
e. …elle a pu avoir beaucoup de succès.
f. Elle a pu aussi surmonter des défis.
g. Elle a pu devenir une source d'inspiration.

2. Spot the intruders

a. Une personne célèbre qui m'inspire est Barack Obama.
b. Il a commencé sa carrière très jeune.
c. Au long de sa carrière, il a dû travailler dur.
d. Il a reçu le soutien de ses abonnés.
e. Grâce à sa persévérance, il a pu surmonter des défis.
f. Il a pu mener son équipe à la victoire.
g. Son succès est lié à son talent inné.
h. Un jour, je voudrais être comme lui.

3. Complete the words

a. Elle m'inspire   b. Il a commencé   c. Au début de   d. Courage   e. Elle a reçu   f. Abonnés
g. Il a pu   h. Son éthique   i. J'espère être

4. Fill in the blanks

a. Un sportif qui m'inspire est Léon Marchand.
b. Il a commencé sa carrière très jeune.
c. Au long de sa carrière, il a dû croire en lui-même.
d. Il a reçu le soutien de son manager.
e. Grâce à son courage, il a pu surmonter des défis.
f. Il a aussi pu mener son équipe à la victoire.
g. Son succès est lié à son éthique du travail.
h. Son succès est lié à son talent inné.
i. Un jour, j'espère être comme lui.

5. Faulty translation

a. Une personne célèbre qui m'inspire est Shakira.
b. Elle a commencé sa carrière très jeune.
c. Au long de sa carrière, elle a dû croire en elle-même.
d. Elle a reçu le soutien de ses abonnés pendant les moments difficiles.
e. Grâce à sa persévérance, elle a pu avoir beaucoup de succès.
f. …et elle a pu devenir une source d'inspiration.
g. Son succès est lié en grande partie à son éthique du travail.
h. Un jour, j'espère être comme elle.

6. Complete the table in English

e.g. Une personne célèbre qui m'inspire est Malala. Au début de sa carrière, elle a dû être courageuse. Grâce à son courage, elle a pu surmonter des défis et elle a pu devenir une source d'inspiration. Son succès est lié en grande partie à sa persévérance.

a. Bonjour, je m'appelle Anna. Une personne célèbre qui m'inspire est Emma Watson. Au début de sa carrière, elle a dû croire en elle-même. Grâce à sa persévérance, elle a pu aider des personnes vulnérables et elle a pu gagner de nombreux prix. Son succès est lié en grande partie à son éthique du travail.

b. Salut, je m'appelle Yann. Une personne célèbre qui m'inspire est Cristiano Ronaldo. Au début de sa carrière, il a dû travailler dur. Grâce à sa discipline, il a pu mener son équipe à la victoire et il a pu avoir beaucoup de succès. Son succès est lié en grande partie à son éthique du travail et à son talent inné.

c. Bonjour, je m'appelle Laura. Une personne qui m'inspire est ma mère. Elle est activiste. Au début de sa carrière, elle a dû être courageuse. Grâce à sa persévérance, elle a pu avoir beaucoup de succès et elle a pu aider des personnes vulnérables. Son succès est lié en grande partie à son courage et son éthique du travail.

7. Narrow listening

<u>Part 1. Paul</u>

Bonjour, je m'appelle Paul. Une personne célèbre qui m'inspire beaucoup est Lionel Messi. Il a commencé sa carrière très jeune. Au début de sa carrière, il a dû travailler dur et il a aussi dû être courageux. Il a reçu le soutien de sa famille et de son manager pendant les moments difficiles. Grâce à sa persévérance, il a pu avoir beaucoup de succès et il a pu mener son équipe à la victoire. Son succès est lié en grande partie à son talent inné. Un jour, j'espère être comme lui.

<u>Part 2. Hélène</u>

Bonjour, je m'appelle Hélène. Une personne qui m'inspire beaucoup est ma grand-mère. Elle est médecin et elle a commencé sa carrière quand elle avait vingt-cinq ans. Au début de sa carrière, elle a dû croire en elle-même et travailler dur. Elle a reçu le soutien de sa famille pendant les moments difficiles. Grâce à son éthique du travail, elle a pu aider des personnes malades et elle a pu avoir beaucoup de succès. Son succès est lié en grande partie à sa persévérance. Un jour, j'espère être comme elle.

8. Listen to Julien and answer the questions in English

Bonjour, je m'appelle Julien et j'habite au Sénégal. J'ai dix-sept ans et pendant mon temps libre, j'adore écouter de la musique. Quand je serai plus âgé, je voudrais être chanteur, mais je voudrais aussi être professeur. Une personne célèbre qui m'inspire beaucoup est Youssou N'Dour. Il a commencé sa carrière très jeune. Au début de sa carrière, il a dû travailler dur et il a dû aussi croire en lui-même. Il a reçu le soutien de sa famille, de son manager et de ses fans pendant les moments difficiles. Grâce à sa persévérance, il a pu avoir beaucoup de succès et il a pu gagner de nombreux prix. La majorité de ses abonnés vivent dans des pays francophones. Son succès est lié en grande partie à son talent inné et un peu à la chance. Un jour, j'espère être comme lui.

ANSWERS

Unit 13. Talking about celebrities and role models: LISTENING

1. Multiple choice

a. Very young	b. Believe in herself	c. Her family	d. Bravery
e. A lot of success	f. Overcome challenges	g. An inspiration	

2. Spot the intruders

a. Une personne célèbre qui ~~a~~ m'inspire est Barack Obama.

b. Il a commencé sa carrière ~~assez~~ très jeune.

c. Au long de sa carrière, il a dû travailler très dur.

d. Il a reçu beaucoup le soutien de ses abonnés.

e. Grâce à sa grande persévérance, il pu surmonter des défis.

 f. Il a pu mener son équipe à la une victoire.

g. Son énorme succès est lié à son talent inné.

h. Un jour, je voudrais bien être comme lui.

3. Complete the words

a. Elle m'i**nspire**   b. Il a **commencé**   c. Au d**ébut**   d. **Courage**   e. Il/elle a re**çu**
f. **Abonnés**   g. Il **a pu**   h. Son é**thique**   i. J'esp**è**re **ê**tre

4. Fill in the blanks

a. Un sportif qui **m'inspire** est Léon Marchand.   b. Il a commencé sa **carrière très jeune**.
c. Au long de sa **carrière**, il a dû **croire** en lui-même.   d. Il a **reçu** le **soutien** de son manager.
e. **Grâce** à son courage, il a pu **surmonter** des défis.   f. Il a **aussi** pu **mener** son **équipe** à la victoire.
g. Son **succès** est lié à son éthique du **travail**.   h. **Son** succès est **lié** à son talent **inné**.
i. Un jour, **j'espère** être comme **lui**.

5. Faulty translation

a. A famous person that **inspires** me is Shakira.   b. She started her career **very young**.
c. Throughout her career, she had to **believe in herself**.
d. She received support from her **followers** during hard moments.
e. Thanks to her **perseverance**, she has achieved a lot of success…
f. …and has been able to **become an inspiration**.   g. Her success is largely linked to **her work ethic**.
h. **One day**, I hope to be like her.

6. Complete the table in English

a. Emma Watson / Had to believe in herself / Help vulnerable people, win numerous prizes / Her work ethic
b. Cristiano Ronaldo / Had to work hard / Lead his team to victory, have a lot of success / His work ethic, his innate talent
c. Her mother / Had to be brave / Have a lot of success, help vulnerable people / Bravery and her work ethic

7. Narrow listening

Part 1 - Hello, my **name** is Paul. A famous person who **inspires** me a lot is Lionel Messi. He **started** his career very **young**. At the start of his **career**, he had to **work hard** and also had to be **brave**. He received support from his **family** and his **manager** during difficult moments. Thanks to his **perseverance**, he was able to have a lot of **success** and he has been able to **lead** his **team** to **victory**. His **success** is largely linked to his **innate talent**. One day, I **hope** to be like him.

Part 2 – Hello, my name is Hélène. A **person** who inspires me a **lot** is my **grandmother**. She is a **doctor** and started her career when she was **twenty-five** years old. At the **start** of her career, she had to **believe** in **herself** and **work hard**. She received support from her **family** during difficult **moments**. Thanks to her **work ethic**, she has been able to **help** sick **people** and she has been able to have a **lot** of **success**. Her success is largely linked to her **perseverance**. One **day**, I hope to **be** like **her**.

8. Listen to Julien and answer the questions in English

a. In Senegal   b. 17   c. Listens to music   d. Be a singer, be a teacher   e. Youssou N'Dour
f. Very young   g. His family, his manager and his fans
h. A lot of success, wining numerous prizes   i. In French-speaking countries
j. His innate talent, a bit of luck

Unit 13. Talking about celebrities and role models: VOCAB BUILDING

1. Match

Assez tard – Quite late
Ses abonnés – His/her followers
Un jour – One day
Courage – Bravery
Équipe – Team

Sa carrière – His/her career
Défis – Challenges
J'espère – I hope
Au début de – At the start of

Cela est lié à – It is linked to
Succès – Success
Grâce à – Thanks to
Au long de – Throughout

2. Complete the chunks

a. **A**u d**é**but de
e. **É**thique de travail
i. **T**alent inné

b. **G**râce à
f. **I**l a p**u**
j. **T**rès jeune

c. **D**e sa **c**arrière
g. **C**ela est lié à
k. **P**ersonne c**é**lèbre

d. **A**ssez tard
h. **Ê**tre courageux

3. Break the flow

a. Il a reçu le soutien de sa famille.
c. Elle a pu surmonter des défis.
e. Au début, il a dû travailler dur.
g. Grâce à son éthique du travail.
i. Un jour, j'espère être comme elle

b. Son succès est lié à son courage.
d. Il a commencé sa carrière assez tard.
f. Elle a dû croire en elle-même.
h. Elle a pu avoir beaucoup de succès.

4. Complete with the missing words in the table below

a. Quelle personne **célèbre** t'inspire?
c. Son succès est **lié** à sa persévérance.
e. Il a pu **gagner** de nombreux prix.
g. Il a dû être courageux **pendant** les moments difficiles.
i. Une personne qui m'**inspire** est Malala.
k. Il a pu avoir beaucoup de **succès** et **devenir** une source d'inspiration .

b. Elle a reçu le **soutien** de sa famille.
d. Grâce à son **talent** inné, elle a pu réussir.
f. Elle a **reçu** le soutien de ses abonnés.
h. Elle a commencé sa carrière assez **tard**.
j. Un jour, **j'espère** être comme elle.

5. Spot and correct the nonsense sentences (accept any logical corrections)

a. Elle m'inspire car elle est **travailleuse**.
c. Son succès n'est ~~pas~~ lié à sa persévérance.
e. Il a dû **être courageux** pendant les moments difficiles.
g. Il a pu mener son équipe à la **victoire**.

b. Il a pu surmonter des **défis**.
d. Il a reçu le soutien de **sa famille**.
f. Il a pu avoir **beaucoup** de succès.

6. Sentence puzzle

a. Une personne célèbre qui m'inspire est Shakira.

c. Elle a dû surmonter des défis.

e. Son succès est lié à son éthique du travail.

g. Elle a reçu le soutien de sa famille et de ses amis.

i. Au long de sa carrière, elle a dû travailler dur.

b. Elle a commencé sa carrière très jeune.

d. Elle a pu devenir une source d'inspiration.

f. Un jour, j'espère être comme elle.

h. Au début de sa carrière, elle a dû croire en elle-même.

7. Gapped translation

a. Quand a **commencé** sa carrière?
c. J'admire Greta Thunberg pour son **courage**.
e. **Un jour**, j'espère être comme elle.
g. Il a pu **mener** son équipe à la victoire.
i. **Grâce** à son talent inné, il a pu **gagner** de nombreux prix.

b. Qu'est-ce qu'il/elle a **accompli**?
d. Elle a commencé sa carrière très **jeune**.
f. Elle a **pu** avoir beaucoup de succès.
h. Il a reçu le **soutien** de sa famille pendant les moments difficiles.

8. Translate into English

a. A person who inspires me is my mother.   b. She started her career when she was 15 years old.
c. At the start of her career, she had to be brave.   d. How did that person become famous?
e. She received support from her manager and her family.   f. Throughout her career she had to work hard.
g. Thanks to her work ethic, she has been able to have a lot of success.
h. His/her success is due to his perseverance.

9. Spot and correct the spelling & grammar mistakes

a. Qui **m'**intéresse   b. Il **a** commencé   c. Qui **m'**inspire   d. Grâce à **son** talent
e. Est **lié à**   f. **Des** moments difficile**s**   g. Être **courageux/euse**   h. Beaucoup **de** succès
i. Je voudrais **être**   j. **Sa** carrière   k. Elle **avait** 15 ans   l. Une **personne** célèbre

Unit 13. Talking about celebrities and role models: READING 1

1. Find the French equivalent in the text

a. Il a commencé sa carrière assez tard   b. En comparaison avec beaucoup d'autres
c. Il a dû croire en lui-même   d. Grâce à ces qualités
e. Il a réussi à sensibiliser   f. La protection des habitats naturels
g. Il a pu surmonter des défis   h. Un jour, j'espère être comme lui
i. Avoir un impact positif
j. J'espère pouvoir motiver d'autres personnes à prendre soin de l'environnement

2. Gapped sentences

a. A **famous** person that inspires and **interests** me.
b. He started his **career** quite late in **comparison** with many others.
c. It didn't prevent him from **becoming** an iconic figure.
d. At the start of his career, he had to **believe** in **himself**.
e. Throughout his **career** he has received support from his **family** and **friends**.
f. His **success** is linked to his work ethic, **bravery** and innate **talent**.
g. He has been able to help many **endangered** animals.
h. He has won multiple **prizes/awards** because of his work.
i. He has been able to **overcome** challenges in his **career**.
j. I hope to be able to **motivate** others to take care of the **environment** and protect **animals**.

3. Answer the questions below in English

a. He started quite late in comparison to many others.
b. To his work ethic, bravery and innate talent.
c. Some endangered animals like elephants, gorillas, tigers and sea turtles.
d. The importance of biodiversity and the protection of natural habitats.
e. To have a positive impact in the world.

Unit 13. Talking about celebrities and role models: READING 2

1. Find the French in Christian's text

a. Un des meilleurs joueurs de foot au monde.   b. Quand il avait seulement six ans.
c. Ce n'était pas facile.   d. Grâce à sa persévérance.
e. Une source d'inspiration pour beaucoup de gens.   f. Il a habité à Barcelone.
g. Quand il était petit.   h. Il a gagné de nombreux prix.
i. Grâce à son association caritative.   j. Donc un jour, j'espère être comme lui.
k. À travailler dur et à ne jamais abandonner.   l. Comment une bonne éthique du travail peut mener au succès.

2. Spot and correct the mistakes

a. Il est un ~~de~~ **d**es meilleurs joueurs
b. Des programmes **éducatifs**
c. Messi **a** pu devenir une source
d. Quand il **avait** seulement six ans
e. Son histoire **m'**inspire ~~moi~~.
f. Moi aussi, j'adore jouer **au** foot
g. Il **a** joué au Barcelona FC
h. Son association c**h**aritative
i. Ce n'était **pas** facile
j. Messi a dû croire en **lui**-même
k. Il a reçu le soutien de s**a** famille

3. Answer the questions below in French

a. À six ans   b. Il a eu des problèmes de croissance
c. La victoire de la Coupe du Monde en 2022
d. Grâce à son éthique du travail et à son talent inné
e. Il a financé des projets de construction d'hôpitaux et des programmes éducatifs
f. De sa famille et de son manager   g. Huit Ballons d'Or
h. Il voudrait être comme Messi un jour car son histoire l'inspire et l'aide à croire en lui-même, à travailler dur et à ne jamais abandonner.

Unit 13. Talking about celebrities and role models: READING & WRITING

1. Answer the questions about the text on the left

a. Because she is a climate activist.   b. Noémie.
c. Because she is brave and the youngest Nobel Peace Prize laureate.
d. She says that she would like to be like her.   e. She loves swimming.   f. Quite young.
g. To help vulnerable people.   h. Léon Marchand.   i. Kylian Mbappé.   j. Gaspard.

2. Find someone who...

a. Gaspard   b. Thomas   c. Anna,Thomas   d. Isabelle   e. Estelle   f. Thomas   g. Isabelle, Noémie   h. Gaspard

3. Complete the following sentences creatively

Students' own answers.

Unit 13. Talking about celebrities and role models: WRITING

1. Complete the following sentences creatively

Students' own answers.

2. Tangled translation

a. **Il** a commencé **sa carrière** quand il avait **13 ans**.
b. Ma **mère** m'inspire **beaucoup** car elle a dû être **courageuse** pendant toute sa **vie**.
c. Beyoncé **n'a pas reçu de soutien** de son père.
d. **Son succès** est lié à son **éthique du travail**.
e. **Grâce à** son succès **il/elle a pu** aider des personnes vulnérables.
f. Elle a pu **devenir** une **source d'inspiration**.
g. Un **jour**, je voudrais **aider des personnes** vulnérables.

3. Translate into French

a. J'espère être comme lui.
b. Un jour, je voudrais gagner de nombreux prix.
c. J'espère un jour être célèbre.
d. Quelle personne célèbre t'inspire?
e. Quand a commencé sa carrière?
f. Il a commencé sa carrière assez tard, mais il a pu avoir beaucoup de succès.
g. Au début de sa carrière elle a dû croire en elle-même et être courageuse.
h. Elle a reçu le soutien de ses abonnés au long de sa carrière.

4. Choose someone inspiring and write a paragraph in French.

Students' own answers.

TERM 3 – BRINGING IT ALL TOGETHER – 13

1. Answer the following questions in English

a. His parents and his younger brother
b. They both love football and play on the same team
c. Every day
d. He has to walk the dog
e. On foot
f. She is a writer
g. It is rewarding and he likes helping people
h. It is boring
i. A footballer
j. Just in case he does not become a professional footballer
k. His football coaches and his family

2. Find the French equivalent in George's text

a. Nous jouons dans la même équipe
b. Nous faisons de la natation
c. Tous les jours, je me lève
d. Pour faire de l'exercice et pour être en bonne santé
e. En général, je mange
f. Elle travaille très dur
g. Il faut être créatif
h. Je n'ai jamais lu un de ces romans
i. Dans la banlieue de la ville
j. Il aime aider les gens
k. Je voudrais aussi être maçon
l. Au cas où
m. Il a commencé sa carrière

3. Complete the translation of paragraph 6

A famous person who **inspires** me is Thierry Henry, an ex-footballer from the **French** national team. He **started** his career very **young**. At the **start** of his **career,** he had to work **hard** and **believe** in himself. He received **support** from his football coaches and his **family** during **difficult** moments. Thanks to his **bravery** he has been able to **have** a lot of **success** and it is due largely to his work **ethic**. One day, I **hope** to be like him.

4. True (T), False (F) or Not Mentioned (NM)?

a. F b. T c. T d. T e. F f. T g. T h. T i. F j. F k. T l. F m. T

5. Complete the statements

a. Fabien b. Won, championships c. Received, parents d. Long, work ethic e. Lucie, music

UNIT 14. My summer holiday and back-to-school plans

TRANSCRIPTS

1. Multiple choice

e.g. Je préfère voyager en avion parce que c'est rapide.
a. Cet été, je vais aller en vacances avec ma famille.
b. Normalement, nous allons au Portugal, mais cette année, nous allons en Allemagne.
c. Nous allons loger dans une auberge de jeunesse.
d. Nous allons passer du temps à prendre des photos à la mer.
e. Le matin, je voudrais aller à la plage.
f. Ensuite, l'après-midi, je vais passer du temps à discuter avec des amis.
g. Après les vacances, je dois établir une routine.

2. Spot the differences

Cet été, je vais aller en vacances avec mes amis. Normalement, nous allons en Allemagne, mais cette année, nous allons aller en France pour passer deux semaines à Cannes. Nous allons loger dans un hôtel de luxe près de la plage de la Croisette. Nous allons passer du temps à nager dans la mer et à prendre des photos dans la ville. Le matin, je voudrais faire une promenade au Port Canto. Après les vacances, je dois acheter du matériel scolaire et me préparer pour mes cours. J'ai hâte de retourner au collège pour continuer à étudier.

3. Complete the words

a. Aller en vacances   b. Nous allons loger   c. Auberge de jeunesse   d. Passer du temps
e. À me reposer   f. À nager dans la mer   g. À jouer   h. À regarder des séries

4. Fill in the blanks

a. Je vais passer du temps à faire du tourisme.   b. Je dois établir une routine.
c. Je voudrais me lever tard.   d. Nous allons loger dans un hôtel bon marché.
e. Nous allons passer du temps à prendre des photos.   f. Je vais passer du temps à jouer aux jeux vidéo.
g. Je dois acheter du matériel scolaire.   h. J'ai hâte de voir mes amis.

5. Tangled translation

Normalement, je vais en vacances avec ma famille, mais cet été, je vais voyager avec mon ami Charles. Nous allons aller en Turquie et nous allons loger dans un hôtel de luxe. Nous allons passer du temps à prendre des photos à la plage. Le matin, nous voudrions faire une promenade et ensuite, l'après-midi, nous voudrions regarder des séries sur Netflix. Avant de retourner au collège, je dois établir une routine. J'ai hâte de retourner au collège.

6. Complete the table in English

e.g. Cet été, je vais aller en vacances avec ma famille. Normalement, nous allons en France, mais cette année, nous allons aller à Barcelone, une ville en Espagne. Nous allons loger dans un hôtel bon marché près de la plage. Je voudrais aller à la plage tous les jours. Je veux aussi sortir avec mes amis. Après les vacances, je dois me préparer pour mes cours.

a. Bonjour, je m'appelle Estelle. Cet été, je vais aller en vacances avec ma famille. Normalement, nous allons en Allemagne, mais cette année, nous allons aller en Turquie. Nous allons loger dans un hôtel de luxe au centre-ville d'Istanbul. Nous allons passer du temps à faire de la randonnée à la montagne. Je voudrais aussi aller à la plage. Après les vacances, je dois mettre à jour mon calendrier.

b. Bonjour, je m'appelle Martine. Cet été, je vais aller en vacances avec mes amis. Normalement, je vais en Angleterre avec ma famille, mais cette année, je vais aller en Allemagne avec mes amis. Nous allons loger dans une auberge de jeunesse et nous allons passer du temps à prendre des photos. Je voudrais aussi me lever tard. Après les vacances, je dois acheter du matériel scolaire.

c. Salut, je m'appelle Mathieu. Cet été, je vais aller en vacances avec mon frère. Normalement, nous allons en France, mais cette année, nous allons aller en Égypte. Nous allons loger dans un hôtel de luxe. Nous allons passer du temps à nager dans la mer. Je voudrais aussi faire du tourisme et voir les pyramides. Après les vacances, je dois mettre à jour mon calendrier.

7. Narrow listening

Part 1 – Bonjour, je m'appelle Marie et j'ai vingt ans. Cet été, je vais aller en vacances avec ma famille. Normalement, nous allons à Nice, mais cette année, nous allons aller aux États-Unis. Nous allons loger dans un hôtel de luxe. Nous allons passer du temps à prendre des photos à la montagne et à la mer. Pendant les vacances, je voudrais essayer des plats typiques. Après les vacances, je dois me préparer pour mes cours.

Part 2 – Bonjour, je m'appelle Philippe et j'ai quinze ans. Cet été, je vais aller en vacances avec mon ami et sa famille. Normalement, je vais en France, mais cette année, je vais aller au Portugal. Nous allons loger dans un hôtel bon marché. Nous allons passer du temps à faire du tourisme et à nous reposer. Pendant les vacances, je voudrais aller à la plage. Après les vacances, je dois établir une routine.

8. Listen to Alice and answer the questions in English

Salut, je m'appelle Alice. J'ai quatorze ans et je suis de Toulouse, dans le sud-ouest de la France. Cet été, je vais aller en vacances avec ma famille. Normalement, nous allons en Angleterre, mais cette année nous allons aller à Édimbourg, la capitale de l'Écosse. Nous allons loger dans un hôtel de luxe au centre-ville. Nous allons passer du temps à faire du tourisme et à prendre des photos en ville. Le matin, je voudrais me lever tard. Ensuite, l'après-midi, je vais passer du temps à discuter avec mes amis sur WhatsApp. Avant de retourner au collège, je dois établir une routine. J'ai hâte de retourner au collège pour voir mes amis.

ANSWERS

Unit 14. My summer holiday and back-to-school plans: LISTENING

1. Multiple choice

a. Family   b. Portugal   c. A youth hostel   d. Taking photos   e. Go to the beach   f. Chatting to friends
g. Establish a routine

2. Spot the differences

Cet été, je vais aller en vacances avec mes **amis**. Normalement, nous allons en **Allemagne**, mais cette année, nous allons aller en **France** pour passer **deux** semaines à **Cannes**. Nous allons loger dans un hôtel de **luxe** près de la plage de la Croisette. Nous allons passer du temps à nager dans la **mer** et à prendre des photos dans la

ville. Le matin, je **voudrais** faire une **promenade** au Port Canto. Après les vacances, je dois acheter du matériel **scolaire** et me préparer pour mes **cours**. J'ai hâte de retourner au **collège** pour continuer à **étudier**.

3. Complete the words
a. **Aller** en v**acances**   b. Nous a**llons loger**   c. **Auberge** de jeun**esse**   d. **Passer** du t**emps**
e. À me reposer   f. À nager dans la mer   g. À jouer   h. À regarder des séries

4. Fill in the blanks

a. Je vais passer du temps **à faire du tourisme.**   b. Je dois **établir une routine.**
c. Je voudrais **me lever tard.**   d. Nous allons loger **dans un hôtel bon marché.**
e. Nous allons passer du temps **à prendre des photos.**   f. **Je vais passer du temps** à jouer aux jeux vidéo.
g. Je dois **acheter du matériel scolaire.**   h. J'ai hâte de **voir mes amis.**

5. Tangled translation

Normalement, **je vais** en **vacances** avec ma **famille**, mais cet été, je vais voyager **avec** mon ami Charles. Nous allons aller en Turquie et nous allons **loger** dans un hôtel de **luxe**. Nous allons **passer** du temps **à prendre des photos** à la plage. Le **matin**, nous voudrions faire une **promenade** et ensuite, l'**après-midi**, nous voudrions regarder des séries sur Netflix. Avant de retourner au **collège**, je dois **établir** une routine. J'ai hâte de **retourner** au collège.

6. Complete the table in English

a. Turkey / Luxury hotel in the city centre / Hiking in the mountains, go to the beach / Update calendar
b. Germany / Youth hostel / Taking photos, get up late / Buy school equipment
c. Egypt / Luxury hotel / Swimming in the sea , sightseeing/Update calendar

7. Narrow listening

Part 1 - Hello, my name is **Marie** and I am **20** years old. This summer, I am going to go on holiday with my **family**. Normally, we go to **Nice**, but this year **we** are going to go to **the USA**. We are going to stay in a **luxury hotel**. We are going to spend time **taking photos** in the **mountains** and by the **sea**. During the holidays, I would like to **try** typical **dishes. After** the holidays, I have to **prepare** to go **back to school.**

Part 2 – Hello, my **name** is **Philippe** and I am **15** years old. This **summer**, I am going to go on holiday with **my friend** and his **family**. Normally, **I** go to **France** but this year I am going to go to **Portugal. We** are going to stay in a **cheap** hotel. We are going to spend time **sightseeing** and **relaxing**. During the holidays, I **would like** to go to the **beach**. After the **holidays**, I have to **establish** a **routine.**

8. Listen to Alice and answer the questions in English

a. 14   b. Toulouse, in the south west of France   c. England   d. Edinburgh, the capital of Scotland
e. In a luxury hotel in the city centre   f. Sightseeing, taking photos in the city   g. Get up late
h. Chat to her friends through WhatsApp   i. Establish a routine   j. To see her friends

Unit 14. My summer holiday and back-to-school plans: VOCAB BUILDING

1. Match

Cet été – This summer
À la montagne – In the mountains
Passer du temps – To spend time
J'ai hâte de – I'm looking forward to
Sortir – To go out
Je dois – I have to
Après – After

Un hôtel de luxe– A luxury hotel
Je vais nager – I am going to swim
Cette année – This year
Randonnée – Hiking
La plage – The beach
Dans la mer – In the sea

2. Complete the chunks

a. **Je vais a**ller b. **U**n hô**tel** de **l**uxe c. **J**'**ai** hâte d. **Aller** à la plage
e. **En ville** f. **Dans** l'après-midi g. Un hôtel **b**on **marché** h. À la **m**ontagne
i. **R**eprendre j. Faire une **p**romenade k. **J**e do**is**

3. Break the flow

a. Cet été je vais aller en vacances avec ma famille.
b. Normalement nous allons en France.
c. Nous allons loger dans un hôtel en ville.
d. Avant de retourner au collège je dois établir une routine.
e. Après les vacances, je dois mettre à jour mon calendrier.
f. Je voudrais aller en vacances avec mes amis.
g. Cette année, je vais aller au Portugal.
h. Le matin, je voudrais me lever tard.

4. Multiple choice

A cheap hotel – Un hôtel bon marché **This summer** – Cet été
Carry on studying – Continuer à étudier **Sightseeing** – Faire du tourisme
I am looking forward to – J'ai hâte de **This year** – Cette année
After – Après **We are going to** – Nous allons

5. Sentence puzzle

a. Nous allons loger dans une auberge de jeunesse à la mer.

b. Le matin, je voudrais me lever tard.

c. Je vais passer du temps à prendre des photos à la montagne.

d. Je voudrais sortir avec mes amis et aller à la plage.

e. Pendant les vacances, je vais faire beaucoup de choses.

f. Le matin, je vais nager dans la mer.

g. Avant de retourner au collège, je dois établir une routine.

6. Anagrams

a. randonnée b. bon marché c. vacances d. promenade e. nager f. reprendre g. calendrier

7. Faulty translation

a. In the morning, I would like **to get up** late. b. Later, we are going to spend time **chatting**.
c. We are going to stay in a **luxury hotel**. d. This **summer,** I am going to go on holiday.
e. I'm going to go there with my **friends.**

8. Gapped translation

a. What are you **going** to do this **summer**? b. **During** the holidays, I am **going** to do **many** things.
c. Are you looking forward to **going back** to **school?** d. How are you going to **spend** your time?
e. We are going to **stay** in a youth **hostel** f. I need to **update** my calendar.
g. I would like to **get up** late. h. I have to **carry on** studying
i. In the **afternoon**, I am going to spend time **watching** a series.

9. Translate into English

a. After the holidays, I have to buy school supplies.
b. Later, in the afternoon I'm going to spend time playing video games.
c. During the holidays, I am going to go to the mountains and I am going to do many things.
d. Normally, we stay in a cheap hotel but this year we are going to stay in a luxury hotel.
e. I'm looking forward to going back to school to get back into a routine and see my friends.

THE LANGUAGE GYM

Unit 14. My summer holiday and back-to-school plans: READING 1

1. Find the French equivalent in the text

a. J'ai aussi un animal à la maison.
b. Nous passons deux ou trois semaines là-bas
c. Un hôtel de luxe
d. Cet été, nous allons faire
e. Ce qui est bien dans ce camping
f. Nous allons voyager
g. Manger des bonbons
h. Elle adore se reposer

2. Gapped sentences

a. This **summer,** Valentina is going to go on holiday to **Germany**.
b. She is going to stay in a **campsite** with her **family**.   c. She is going to **travel** to Germany by **car**.
d. She has a **dog** which is called **Katt**.   e. It is **lazier** than a sloth.   f. The trip **lasts/takes** four **hours**.
g. During the trip, she is going to listen to **music** and eat **sweets**.
h. During the holidays, she will spend time **resting,** doing **sightseeing** and taking **photos** in the city.
i. She is looking forward to it, she **thinks** it will be **fun**.

3. Answer the questions below in French

a. Normalement, Valentina va en vacances en Angleterre.   b. C'est un chien.   c. Elle va loger dans un camping
d. Le voyage dure quatre heures.   e. Ce qui est bien dans ce camping, c'est qu'ils acceptent les chiens.

Unit 14. My summer holiday and back-to-school plans: READING 2

1. Find the French in Janina's text

a. Dans le sud du Portugal
b. Une auberge de jeunesse
c. Près de la plage
d. Selon les avis
e. Nager dans des rivières et des lacs
f. Parler de nos aventures
g. Pour me détendre et profiter du soleil
h. D'autres villages
i. Aussi sortir avec mes amis
j. Les vacances sont géniales

2. Spot and correct the mistakes

a. Les vacances son**t géniales**
b. Nous allons **passer** un moment à discuter
c. Nous allons **loger** dans **une** auberge de jeunesse
d. **Normalement**, nous allons **en** Espagne ou **en** **France**   e. Je voudrais aller à **la** plage pour **me** détendre   f. J'ai hâte **de** retourner au collège
g. Près **de la** plage
h. Sortir avec **mes** amis
i. Je dois **acheter** du matériel scolaire

3. True, false or not mentioned

a. False   b. False   c. True   d. False   e. Not mentioned   f. True   g. False   h. True

4. Answer in French as if you were Janina

a. Normalement, je vais en France ou en Espagne.
b. Je voudrais faire quelque chose de différent.
c. L'auberge de jeunesse est près de la plage.
d. Je vais passer beaucoup de temps à faire de la randonnée, à nager dans des rivières et des lacs et à prendre des photos de jolis paysages de montagne.
e. Je vais passer un moment à jouer à des jeux vidéo, à parler de nos aventures et à discuter jusqu'à tard.
f. Je vais nager dans des rivières et des lacs.
g. Je dois acheter du matériel scolaire, établir une nouvelle routine et bien me préparer pour mes cours.
h. J'ai hâte de retourner au collège pour continuer à étudier et voir mes amis.

Unit 14. My summer holiday and back-to-school plans: READING & WRITING

1. Find someone who

a. Rose   b. Romain   c. Manu   d. Jean   e. Laura   f. Philippe   g. Manu   h. Anna   i. Rose   j. Philippe   k. Anna

2. Complete with a suitable word (Students' own answers.)

3. Write an extension of the sentence said by each person on the left

Students' own answers.

Unit 14. My summer holiday and back-to-school plans: WRITING

1. Complete the following sentences creatively

Students' own answers.

2. Translate into French

a. **Cet été, je vais aller en vacances avec ma famille.**
b. **Pour les vacances, nous allons faire beaucoup** de **choses.**
c. **Le matin, je vais passer** du **temps** à **prendre** des **photos.**
d. **Nous allons faire** de la **randonnée** à la **montagne.**

3. Answer the following sentences creatively

Students' own answers.

TERM 3 – BRINGING IT ALL TOGETHER – 14

1. Answer the following questions in English

a. None   b. He does not like it because there are many rules and lessons are boring.
c. They have to work.   d. By train.   e. To the Pyrenees.   f. Three.   g. Rafting.
h. To Quiberon, a very touristic place in Britany.

2. Find the French equivalent in Olivier's text

a. Je n'ai pas d'animal   b. Je vais au lycée près de chez moi   c. Un lieu très touristique
d. C'était génial   e. Il y avait beaucoup de choses à faire   f. Je vais aller voir
g. Pour la première fois   h. Sports extrêmes   i. Ce sera génial!
j. Ce que je n'aime pas du tout, c'est la routine journalière   k. Je n'ai pas hâte   l. Ce qui est bien

3. Complete the translation of paragraphs 5 & 6

5. In the Pyrenees, there are **many things** to do and it is a great **destination** for travelling with a **dog**. In the mornings, we would like to go for a **walk** with Fifi and go **hiking**. You can also do all kinds of risky **sports**, for example rafting in **rapids**. It will be great!

6. What I don't like at all is the **daily** routine, so I am not looking forward to **going back** to college. However, after the **holidays,** I'm going to **update** my calendar and **prepare** for classes. And the **good** thing is that I'm going to see my **friends**!

4. True, False or Not Mentioned

a. T   b. NM   c. F   d. NM   e. T   f. NM   g. NM   h. T   i. F   j. NM   k. T   l. NM   m. T

5. Complete the statements

a. Valeria and Lucas are **siblings.**
b. Valeria is **going** to spend the holiday at her **grandparents'** village.
c. Lucas would have preferred to go to the **beach.**
d. Lucas has to **study** in the mornings so he cannot **go out.**
e. Lucas thinks the best holidays were **last year**.
f. The small town is boring because there are no **shops** nor **WiFi.**

END OF TERM 3 – QUESTION SKILLS

TRANSCRIPTS & ANSWERS

1. Fill in the missing words

a. Quel métier fait ta **mère**?
b. Est-ce qu'**il** aime son **travail**?
c. **Où** travaille-t-elle?
d. Que **vas**-tu étudier l'**année** prochaine?
e. Quel métier **voudrais**-tu avoir dans le futur?
f. Où voudrais-tu **travailler**?
g. Pour toi, qu'est-ce qui est le plus **important** dans la **vie**?
h. Quelle personne **célèbre** t'inspire? Pourquoi?
i. **Comment** cette personne est-elle devenue **célèbre**?
j. **Quand** a **commencé** sa carrière?
k. Qu'est-ce qu'elle a **accompli**?
l. Qu'est-ce que tu **vas** faire cet **été**?
m. **Comment** vas-tu passer le **temps**?
n. **As-tu** hâte de retourner **au** collège?
o. Comment vas-tu te **préparer** pour **retourner** au collège?

2. Choose the option that you hear

a. Ma mère est **médecin**.
b. Elle aime cela car c'est **gratifiant**.
c. Elle travaille dans un **hôpital**.
d. Je vais étudier la **médecine**.
e. Je vais faire une formation de **maçon**.
f. Je voudrais travailler en **Allemagne**.
g. **Être heureuse**.
h. Une personne qui m'inspire, c'est ma **mère**.
i. Il a commencé sa carrière **jeune**.
j. Il a commencé sa carrière en **2014.**
k. **Surmonter des défis.**
l. Cet été, je vais aller en **Grèce**.
m. Je vais passer du temps **à nager**.
n. Oui, pour voir **mes amis**.
o. Je dois **acheter du matériel scolaire.**

3. Listen and write in the missing information

a. Mon **père** est **fermier**.
b. Il **aime** son **travail** parce que c'est **actif**.
c. Il travaille dans une **ferme** à la **campagne**.
d. Je vais étudier le **droit** car **je veux** être **avocate**.
e. Je vais faire une **formation** pour être **plombier**.
f. Je **voudrais** travailler en **Espagne**.
g. Pour moi, le plus important dans la vie est de **gagner beaucoup d'argent**.
h. Une personne qui m'inspire, c'est **Lionel Messi** car **il est très talentueux**.
i. Il a **commencé** sa carrière **très jeune**.
j. Sa **carrière** a commencé en **2004**.
k. Il a pu gagner **de nombreux prix** et inspirer **beaucoup de gens**.
l. Cet été, nous allons aller aux **États-Unis**.
m. Je vais passer du temps **à prendre des photos**.
n. Oui, j'ai hâte de **voir mes amis**.
o. **Après** les vacances **je dois acheter** du matériel scolaire.